SECOND ESSAI

SUR LA

GUERRE FRANCO-ALLEMANDE

DANS SES RAPPORTS

AVEC LE

DROIT INTERNATIONAL.

SECOND ESSAI

SUR LA

GUERRE FRANCO-ALLEMANDE

DANS SES RAPPORTS

AVEG

LE DROIT INTERNATIONAL,

POUR FAIRE SUITE A :

LA GUERRE ACTUELLE DANS SES RAPPORTS AVEC LE DROIT INTERNATIONAL

(Décembre 1870),

PAR

G. ROLIN-JAEQUEMYNS.

Extrait de la *Revue de Droit international et de législation comparée,*
2e livraison 1871.

LONDRES,	BRUXELLES,	PARIS,
WILLIAMS ET NORGATE.	BRUYLANT-CHRISTOPHE ET Cie.	DURAND ET PEDONE-LAURIEL.
LA HAYE,	BERLIN,	FLORENCE ET TURIN
BEGINFANTE FRÈRES.	PUTKAMMER & MÜHLBRECHT,	BOCCA FRÈRES.
BERNE,	Buchhandlung für Staats- und Rechts-	NEW-YORK.
Librairie J. DALP (K. SCHMID.)	wissenschaft.	WESTERMANN ET Cie.

1871.
— Gand, impr. de I.-S. Van Doosselaere. —

La bienveillance extrême avec laquelle a été apprécié de divers côtés
notre premier essai sur la guerre franco-allemande (1), nous engage à
tenter aujourd'hui la continuation et le complément de cette étude.

Nous ne nous dissimulons point les écueils de cette tâche. Ce n'était pas
sans une sincère défiance de nous-même que, le 6 décembre dernier, au
plus fort de la lutte, nous livrions à la publicité nos premières appréciations. Mais à mesure que la lutte s'est prolongée, et que les passions
guerrières, politiques, nationales ont été portées à leur plus haut degré
d'intensité, la difficulté de distinguer la vérité des faits s'est ajoutée à
celle de distinguer la vérité du droit. Jamais l'esprit inventif des nou-
vellistes ne se donna plus ample carrière. Jamais on ne vit mieux à quel
point peut s'égarer l'imagination surexcitée par les circonstances, par les
sentiments les plus divers, et les plus diversement excusables : l'orgueil,
la douleur, l'intérêt de parti, le désir d'assurer le débit de publications
éphémères, l'espoir de ranimer les courages, le zèle des petits fonctionnaires, le calcul des grands. Nous ne voulons pas insister plus longtemps
qu'il ne nous est indispensable de le faire, sur ce côté pénible de notre
sujet. Mais il faut bien que nous nous justifiions d'avance du reproche
de ne pas accepter, comme prouvés, un grand nombre de récits dont une
partie de la presse s'est faite, même en pays neutre, le trop complaisant
écho. Ces récits nous les avons lus avec attention, et, nous osons le
dire, avec conscience. Ils ne tendent à rien moins qu'à représenter la

---

(1) V. *La guerre actuelle dans ses rapports avec le droit international.* — Berlin, Puttkammer et
Mühlbrecht. — Bruxelles et Londres, 1870.

dernière guerre comme systématiquement poursuivie par les vainqueurs
au mépris de toute loi divine et humaine. « Depuis cinq longs mois, »
dit une brochure publiée à Bordeaux à la fin de janvier 1871, « les
» cruautés, les violations du droit des gens, les rapines, les vols, les
» exactions de toutes sortes des barbares qui occupent le sol de notre
» patrie n'ont pas eu de limites [1]. » L'Allemagne a été « moralement
avilie par le despotisme militaire de chefs affolés d'ambition et d'orgueil. »
« La Prusse, » écrivait déjà, dans sa circulaire du 29 novembre, le délégué
des affaires étrangères à Tours, M. le comte de Chaudordy, « la Prusse
» a méconnu les lois les plus sacrées de l'humanité.... Elle conduit à une
» guerre d'extermination ses troupes transformées en hordes de pillards; elle
» n'a profité de la civilisation moderne que pour perfectionner l'art de la
» destruction. Et comme conséquence de cette campagne, elle annonce à
» l'Europe l'anéantissement de Paris, de ses monuments, de ses trésors, et
» la vaste curée à laquelle depuis trois mois elle a convié l'Allemagne. »
« S'il faut, » dit ironiquement un officier anglais, le colonel Hamley [2], « con-
» sidérer comme conforme au droit de la guerre le système suivi par les
» Allemands, cessons d'appeler Tilly, le duc d'Albe et Attila des fléaux de
» l'humanité, de peur d'offenser d'éminents contemporains,... faisons
» amende honorable aux montagnards de la Grèce, qui dernièrement nous
» ont si fort indignés,... et conseillons amicalement, comme une décoration
» convenable pour les soldats du nouvel Empire, l'institution du Très
» Honorable Ordre de la Torche. » « Sur les Allemands, » s'écrie encore
M. Frédéric Harrison, « sur eux et sur leurs enfants pèsera la malédiction
» d'avoir fait revivre dans l'Europe moderne les plus sanguinaires et les
» plus barbares traditions du passé : — la dévastation en masse du pays
» ennemi, et le massacre systématique de simples particuliers [3]. »

(1) *Recueil de documents sur les exactions, vols et cruautés des armées prussiennes en France.* —
Bordeaux, 1871. — Cette brochure qui paraît avoir une origine au moins officieuse, se com-
pose en grande partie d'extraits de journaux, et de faits affirmés, sur la foi de témoins *anonymes*,
par un écrivain également *anonyme*. Celui-ci, il est vrai, a soin de déclarer que, s'il évite les
noms propres, c'est pour ne pas exposer les personnes « dignes de foi » qui l'ont renseigné, « et dont
la plupart habitent encore les parties envahies de notre territoire, à la vengeance de nos ennemis. »
Mais n'est-ce pas chose plaisante de voir ainsi un anonyme se porter fort pour d'autres anonymes,
et ne dirait-on pas le néant cautionné par l'inconnu? — La même brochure contient quelques
documents officiels, entre autres des circulaires et des rapports émanés d'autorités françaises.
Mais des réponses opposées à ces documents par les autorités allemandes, il n'est dit mot.

(2) Dans ses lettres au *Times* des 24 janvier et 22 février 1871.

(3) *Bismarckism,* by FREDERIC HARRISON, article paru dans la *Fortnightly Review*, December 1,
1870, p. 631 et ss. « I cannot but think, » nous écrivait en janvier dernier l'auteur de cet article,
à propos de quelques jugements énoncés dans la première partie de notre travail, « that you have

Si violentes que soient ces appréciations, elles ne seraient probablement pas trop sévères, si toutes les narrations imprimées et réimprimées par la presse quotidienne depuis le commencement de la guerre étaient exactes. Dans ce cas il ne nous resterait qu'à déplorer un phénomène aussi étrange, et aussi contraire à toutes nos idées, à toutes nos espérances de progrès : l'armée nationale du peuple le plus instruit de notre époque transformée, au bout de quelques semaines, en une tourbe avide et sanguinaire ! A quoi bon dès-lors multiplier les écoles et en imposer la fréquentation ? A quoi bon organiser un système militaire dont un des plus précieux effets semblait devoir être d'élever, par le rapprochement des classes, la moyenne intellectuelle et morale de l'armée à un niveau que n'atteindront jamais des armées de conscrits ou de mercenaires ? C'étaient donc là autant d'illusions. Et le titre même de ce travail, le nom de droit international mis en rapport avec la guerre franco-allemande, n'est plus qu'une dérision amère. Quel rapport, en effet, pourrait-il y avoir entre deux choses dont l'une serait la négation ou mieux la destruction de l'autre ?

moved to day, as the war continues and developes new phases of animosity. And there must be a multitude of new facts brought to your notice by subsequent events which might modify some of your conclusions. There are three points on which I should like to have your opinion :

» 1. — Can the system of « requisitions » (for which there is indeed hardly any recent European authority) be justly extended to include the entire conversion of the wealth, freedom and labour of the inhabitants of an occupied province to the service of the conquerors, amounting to the desolation of the soil far and wide, the starvation of its cultivators, the seizure of all portable wealth, the forcing them to enter the engineering or commissariat service of the invading armies ? My opinion is that the invader is bound to respect the property, freedom, and neutrality of a non-resisting civil population. All of these I believe to have been systematically violated by the Germans, who under the name of requisitions have introduced organized pillage, have made war on the civil inhabitants, and turned them into part of the invading forces.

» 2. — Does international law justify the seizure of unresisting civil officials or citizens, the outraging their persons, and putting them to death in order to terrorize a district into surrendering its property to this organised pillage, submitting to the invader or in retaliation for the expression of opinion ? This also I conceive established as the system adopted by the Germans. To day (26 jan.) I read that the inhabitants of a small town are fined 50,000 frs. because some persons in its streets cheered the mayor of another town (a non combatant) who was taken off as a prisoner or hostage to ensure the payment of a previous fine. What justifies this in public law ?

» 3. — Is not the bombardment of the civil portion of the city of Paris without modern precedent, and opposed to the spirit of international law when we consider the immense distance of the inner city from the fortifications, and the fact that the armies are maintained, sheltered, fed and supplied not from the centre of the city but from the enceinte and its neighbourhood — the « city » for all purposes being a civil population perfectly distinct in space, organisation, and action from the active army of defence ? Is there any justification in law for the intentional destruction of uninhabited public buildings, which are simply national monuments ? » — Nous avons cru utile et loyal de citer en entier ces questions de notre honorable correspondant. Car elles résument indirectement, mais d'une manière très-précise, les principaux chefs du réquisitoire lancé contre les Allemands par une partie de la presse Européenne, sur la foi des récits dont nous parlons. Notre réponse se retrouvera dans la suite de cet essai. V. spécialement pp. 22 et ss, 47 et ss, et 54, n. 3.

Mais avant d'admettre d'aussi désespérantes conclusions, il nous a paru prudent d'appliquer aux faits contemporains dont il s'agit, les règles élémentaires de la critique historique. Tel est d'ailleurs le strict devoir de tous ceux dont le jugement peut contribuer, même dans la plus modeste mesure, à former l'opinion publique. Car ils sont en cette qualité comme les membres d'un vaste tribunal, dont le verdict ne doit reposer que sur une conviction positive. Or, en nous plaçant à ce point de vue, nous trouvons que les colonnes de ces mêmes journaux, où tant de personnes de bonne foi ont puisé la conviction que c'en était fait désormais du droit et de l'humanité, ont servi d'asile depuis le commencement de la guerre à une foule de récits, affirmés d'abord avec la plus entière certitude, et ensuite clairement démentis par les évènements. Que de fois n'a-t-on pas annoncé comme gagnées des batailles perdues, et comme en voie d'exécution des traités qui n'ont jamais été conclus ! Est-ce que, au début de la guerre, l'Italie et l'Autriche ne tenaient pas leurs armées prêtes, en vertu de conventions formellement arrêtées, à marcher au secours de la France ? Est-ce que, pendant tout le siége de Paris, on n'a pas annoncé, à diverses reprises, la rupture de la ligne d'investissement ? Dès le 15 décembre, d'après une dépêche affichée à Rouen, au Hâvre et à Yvetot, Paris était définitivement débloqué, Bismark bloqué dans Versailles, Trochu arrivait sur Mantes, Vinoy sur Rouen, enfin, pour plus de précision, on ajoutait que le prince Frédéric-Charles avait la tête enlevée par un boulet. Le 16 décembre des nouvelles analogues étaient annoncées à Lille, avec force détails. Que de fois ces imaginations infatigables n'ont-elles pas tué ou frappé de folie et l'Empereur d'Allemagne et ses ministres et tous ses généraux ! Qui ne se rappelle le conte de ce mystérieux cercueil recouvert d'un drap d'or, que tant de personnes avaient vu, et qui recouvrait certainement la dépouille mortelle d'un grand général, sinon du roi Guillaume en personne ? Et avant cette époque n'avait-on pas lu, dans presque tous les journaux de la France et des pays neutres, l'horrible et véridique récit des carrières de Jaumont engloutissant, devant Metz, la plus grande partie de l'armée Prussienne ? Nous ne parlerons pas, car ce serait trop long, de la destruction des cuirassiers blancs de M. de Bismark par le comte de Palikao, ni des bulletins de victoire de M. Gambetta. Nous craindrions d'ailleurs d'abuser, d'une manière peu généreuse, de la réaction exagérée qui s'est produite en France contre des hommes trop acclamés naguère.

Et ce n'étaient pas seulement les faits directement relatifs à la guerre que l'on se plaisait à inventer ou à travestir. N'a-t-on pas vu des correspondants de journaux, spéculant sur la crédulité du public, raconter comme les ayant recueillis dans des conversations avec tel ou tel personnage, des secrets d'État qui ne leur avaient jamais été confiés? Ces mêmes correspondants ne nous ont-ils pas appris un jour que le général d'Aurelles de Paladine n'était autre que le duc de Nemours en personne? Un autre jour que M. de Bismarck avait pris l'engagement formel de rétablir Napoléon III sur le trône? et lorsque plus tard il s'est agi des conditions de la paix, combien de traités, publiés comme authentiques, notamment par le *Standard* et le *Times*, n'ont pas eu d'autre origine que les conjectures d'un esprit plus ingénieux que sincère! Et plus récemment encore, pendant cette infernale sédition, dont la répression a encore coûté à la France tant de sang et de ruines, combien n'a-t-il pas été difficile de démêler la vérité parmi les récits les plus contradictoires! Combien de fois les cinq cents premiers millions de l'indemnité de guerre n'ont-ils pas été payés, l'évacuation des forts commencée! Enfin, à l'heure où nous écrivons ces lignes, n'a-t-on pas déjà publié une quantité de versions, n'ayant de commun entre elles que la riche précision des détails et le ton absolument affirmatif du narrateur, tantôt sur la mort, tantôt sur l'arrestation de Delescluze, de Pyat, de Courbet, et autres chefs de la Commune parisienne?

Il nous semble qu'il y a bien, dans cette audacieuse et universelle inexactitude, de quoi justifier notre scepticisme à l'égard des témoignages sur lesquels s'est formée la première impression d'une partie du monde civilisé, quant à la conduite de la guerre franco-allemande. On ne prétendra pas, en effet, que des organes en général aussi trompeurs se soient trouvés infaillibles chaque fois qu'ils ont mis des atrocités sans nom à charge de l'armée envahissante. Le ressentiment naturel au vaincu, et sa disposition à accueillir tous les bruits défavorables au vainqueur suffiraient déjà à nous mettre en défiance. Mais il faut y joindre le penchant impérieux, chez un peuple élevé dans la foi en sa propre invincibilité, à chercher dans des causes extraordinaires l'explication de ses malheurs. Aussi ne sont-ce pas les Allemands seuls, mais les chefs politiques et militaires de la France qu'une partie de la presse française a successivement accusés de toutes les infamies. Les généraux et les hommes d'État de la république n'ont pas été plus épargnés sous ce rapport que ceux de l'empire. Il a suffi qu'ils fussent vaincus, pour que le mot de trahison courût partout, et ce n'étaient pas, hélas! chez l'ignorance seule que d'aussi absurdes propos trouvaient crédit. Il n'est personne sans doute qui, ayant été à Paris depuis la fin du siége, n'ait été frappé comme nous de cette déplorable facilité à être trompé ou à se tromper soi-même, et de cet empressement crédule à jeter dans la fange les idoles de la veille. Comment dès-lors ajouter une foi aveugle à tout ce qui s'est raconté d'inouï à la charge de l'envahisseur étranger? Comment croire tout le mal que les Français disent des Allemands, si l'on ne peut se résigner à croire celui qu'ils disent d'eux-mêmes?

Au surplus, quelque difficile que soit bien souvent une preuve négative, la fausseté d'un grand nombre de ces récits a été parfaitement établie. Le 25 novembre on annonce, dans l'*Indépendance belge*, que le maire de Versailles et son adjoint ont été transportés en Allemagne et enfermés à Custrin. Le 16 novembre on les a vus traverser Francfort. Le 27 novembre le correspondant du même journal à Versailles écrit qu'il vient de rencontrer les deux fonctionnaires, lesquels n'ont jamais été arrêtés [1]. Dans le courant de janvier, il n'est bruit dans les journaux que de l'histoire d'un capitaine de francs-tireurs, blessé par les Prussiens près de Dijon, puis lié et brûlé vif. Plus tard on apprend par une lettre d'un médecin badois de la 5me ambulance à Dijon que l'autopsie, suivant procès-verbal signé par un médecin français et un officier français qui ont assisté à l'opération, a amené la découverte d'une balle de carabine Minié, c'est-à-dire de provenance française qui, entrée par le dos et ayant traversé la moëlle épinière et le poumon, a dû amener une mort instantanée. Les circonstances du fait établissent d'ailleurs que le capitaine a été tué par ses propres soldats, au moment où il venait de parlementer avec l'ennemi [2]. — A plusieurs reprises durant toute la guerre, on parle de la destruction, par les Allemands, des collections artistiques qui se trouvent en-dehors de Paris. Or, une fois la guerre finie, les employés supérieurs français des musées de Versailles et de St-Germain viennent attester que les seuls dégâts sont ceux que l'humidité a causés à quelques tableaux, et que même, à St-Germain, on a pu continuer l'installation d'une nouvelle salle qui a été ouverte depuis l'arrivée des Prussiens [3]. Que n'a-t-on pas dit enfin de la manière dont les Allemands traitaient leurs 400,000 prisonniers? D'après le *Siècle*, l'*Étoile Belge*, le *Français* (lettre de l'abbé Méric, 17 novembre) ils étaient privés de tout ce qui fait la santé du corps et de l'âme, à peine nourris, souffrant du froid et de la vermine, accablés par les fatigues d'un travail excessif et forcé, et exploités encore (d'après l'abbé Méric), par une propa-

(1) *Indép. Belge*, du 2 décembre.
(2) *Gazette de Fribourg* (en *Brisgau*), 29 janvier 1871.
(3) V. extrait de la *Correspondance Havas* dans l'*Indépendance Belge* du 15 février et certificat du conservateur *français* du Musée de Versailles, M. Soulié, dans l'*Indépendance Belge* du 24 février.

gande protestante qui ne leur offrait un peu de repos et de bien-être qu'en
échange de leur apostasie. Aussi la mortalité s'élevait-elle, d'après le *Siècle*,
à 80 p. °/₀ en trois mois. Aujourd'hui, après toutes les attestations les plus
respectables, émanées de visiteurs de tous les pays et des prisonniers eux-
mêmes, il suffit de rappeler ces indignes calomnies pour en faire justice [1].

Gardons-nous cependant de l'exagération contraire. Nous l'avons déjà dit
ailleurs : quand même nous n'aurions devant nous que le seul fait d'une
armée de six à huit cent mille hommes poursuivant, pendant six mois, en
pays étranger, une guerre acharnée, il faudrait admettre d'avance,
en vertu d'une certitude morale, qu'un certain nombre de soldats de cette
armée doivent s'être rendus coupables de faits, non-seulement répréhen-
sibles, mais criminels. Il n'y a pas de raison, en effet, pour que la statistique
des crimes et des délits soit moins élevée chez une quantité donnée
d'hommes en campagne, qu'elle ne le serait inévitablement chez le même
nombre d'hommes livrés aux travaux de la paix. Il y a au contraire une
foule de raisons pour que, à mesure que la guerre se prolonge, le caractère
de tous ceux qui y prennent part s'endurcisse, et que l'énergie de l'attaque
augmente en proportion du caractère désespéré de la résistance. Il est
encore inévitable que, dans ces horribles luttes où l'homme le plus
inoffensif en arrive à détruire ses semblables pour se conserver lui-même,
le pur instinct animal tende sans cesse à s'emparer de son âme et le porte à
commettre des actes dont le seul récit, en des instants plus calmes, le ferait
frémir d'indignation. Sous ce rapport, et dans ces moments suprêmes, il y a
peu de distinction à faire entre les races ou entre les classes de la société.
Ce qui se retrouve, c'est le fond de notre nature, composé de volonté et de
passion, et capable, suivant les circonstances, l'éducation et le milieu, de
toutes les générosités et de tous les excès. Mais lorsqu'il s'agira de tirer
de ces prémisses des conclusions générales, il est deux autres faits qu'il ne
faudra pas oublier : le premier c'est que, selon une probabilité presqu'équi-
valente à une certitude, tant elle est confirmée par l'histoire, la psychologie
et les observations pédagogiques, le peuple qui aura chance de se montrer
le plus humain, le plus observateur des lois de la guerre, même dans les

(I) V. lettre du 19 novembre 1870 adressée à l'*Étoile Belge* par le *Tribunal d'honneur* des officiers
français prisonniers à Erfurt. — Lettre du Docteur Kerkhoven, délégué du Comité central Néerlan-
dais, au *Journal d'Arnheim*. — Lettre du père Adolphe Perraud de l'Oratoire au journal *le Français*,
dans un sens contraire aux assertions de l'abbé Méric. — Lettre de De Voigts-Retz, à l'*Écho du Parlement Belge* 15 décembre 1870. — Cette lettre cite en détail une correspondance entre MM. les évêques
Nazamowski et Mermillod, d'où résulte surabondamment la fausseté des accusations de l'abbé
Méric, etc.

moments d'extrême excitation, sera celui dont la discipline militaire, aidée de son gouvernement intérieur, de son système d'éducation, de ses habitudes d'ordre, l'aura le mieux préparé à dompter ce que l'on pourrait appeler ses instincts d'anarchie individuelle. D'autre part les narrateurs qui mériteront le moins de confiance, sauf, bien entendu, de très-honorables exceptions, seront les publicistes quotidiens d'une nation chez qui un gouvernement, intéressé à se soutenir par le mensonge, s'est pour ainsi dire systématiquement appliqué à éteindre le respect de la vérité.

Nous prions le lecteur d'excuser l'étendue des considérations qui précèdent. Elles étaient nécessaires, pensons-nous, pour expliquer comment, dans la seconde comme dans la première partie de ce travail, nous ne prendrons comme base de nos raisonnements que les faits établis d'une des trois manières suivantes :

1° Par des documents authentiques tels que : ordres, décrets, proclamations, circulaires, etc., emportant avec eux la preuve de leur contenu ;

2° Par des enquêtes ou des débats contradictoires ;

5° Par l'aveu de ceux-là mêmes à qui les faits sont reprochés, ou de ceux qui auraient un intérêt, au moins de sympathie nationale, à les contredire.

Nous espérons, dans l'appréciation des faits ainsi constatés, ne donner à personne le droit de nous reprocher un parti pris, soit d'éloge, soit de blâme.

Quant aux récits anonymes des journaux, aux dépêches et aux correspondances, signées ou non, qui rapporteront de simples on dit, au lieu de faits attestés de science personnelle par des témoins dignes de foi, nous ne pouvons les accepter que comme des indices, d'ailleurs précieux, de l'opinion publique sur tel ou tel point.

Nous n'avons plus à parler aujourd'hui des *causes de la guerre* [1]. Mais nous avons quelques considérations importantes à ajouter aux deux chapitres consacrés dans notre première étude : 1° à la conduite respective des belligérants par rapport aux lois de la guerre ; 2° aux rapports entre les belligérants et les neutres. Nous terminerons par un chapitre relatif à la cessation des hostilités et à la conclusion de la paix. Nous suivrons d'ailleurs, autant que possible, l'ordre de notre précédent travail.

---

(1) V. *La guerre actuelle dans ses rapports avec le droit international*, pp. 8-18.

I. — De la conduite respective des belligérants par rapport aux lois de la guerre.

§ 1. — *Emploi des moyens d'attaque et de défense.*

1. — *Emploi des balles explosibles* [1]. — Le gouvernement fédéral est revenu à diverses reprises sur l'accusation formulée par lui contre une partie des troupes françaises, de s'être servies de balles explosibles. Dans ses circulaires des 9 janvier et 17 février 1871, et dans sa lettre du 11 février au maréchal de Mac-Mahon, le Chancelier fédéral cite divers faits à l'appui de cette imputation. Dans sa circulaire du 25 janvier, le Comte de Chaudordy soutient au contraire que « jamais le soldat français n'a été à même de se servir de balles explosibles. S'il en a été ramassé sur les champs de bataille, elles proviennent des rangs ennemis. » Une lettre du 21 janvier, adressée par le maréchal de Mac-Mahon au ministre des affaires étrangères à Bordeaux, et une lettre écrite le 20 février, par le général Suzanne, directeur de l'artillerie, ministre de la guerre par intérim, à Paris, tendent à confirmer cette dénégation de la manière la plus formelle [2]. Cependant une communication officielle adressée le 22 janvier par le Maire de Paris, M. Jules Ferry, aux maires des vingt arrondissements, constate que, après l'attaque dirigée ce jour-là contre l'Hôtel-de-Ville par une compagnie du 101me de marche, « on a trouvé, parmi les projectiles, beaucoup de balles explosibles et de petites bombes. » Il en résulte que la dénégation des autorités françaises est, dans tous les cas, trop absolue. Hâtons-nous toutefois d'ajouter que rien ne nous autorise à tirer des inductions générales de faits qui ont pu se produire à l'insu des chefs. Ce qui importe pour l'avenir c'est que, de part et d'autre, on ait manifesté la ferme volonté de donner pleine exécution à la convention de St.-Petersbourg.

2. — *Emploi des bombes, obus, etc. — Siége des places. — Siége, investissement et bombardement de Paris* [3]. — On lit dans la circulaire au Comte de Chaudordy, du 29 novembre 1870 :

« .... L'intimidation est devenue un moyen de guerre ; on a voulu frapper de terreur les populations et paralyser en elles tout élan patriotique. Et c'est

(1) Cf. *La guerre actuelle*, etc., p. 20.
(2) V. ces lettres, *Indép. Belge* du 26 février.
(3) Cf. *La guerre actuelle*, etc., pp. 21 et 56-58.

ce calcul qui a conduit les états-majors prussiens à un procédé unique dans l'histoire : le bombardement des villes ouvertes.

» Le fait de lancer sur une ville des projectiles explosibles et incendiaires n'est considéré comme légitime que dans des circonstances extrêmes et strictement déterminées. Mais, dans ces cas mêmes, il était d'un usage constant d'avertir les habitants, et jamais l'idée n'était entrée jusqu'à présent dans aucun esprit que cet épouvantable moyen de guerre pût être employé d'une façon préventive. Incendier les maisons, massacrer de loin les vieillards et les femmes, attaquer, pour ainsi dire, les défenseurs dans l'existence même de leurs familles, les atteindre dans les sentiments les plus profonds de l'humanité, pour qu'ils viennent ensuite s'abaisser devant le vainqueur et solliciter les humiliations de l'occupation ennemie, c'est un raffinement de violence calculée qui touche à la torture. On a été plus loin cependant, et, se prévalant par un sophisme sans nom de ces cruautés mêmes, on s'en est fait une arme. On a osé prétendre que toute ville qui se défend est une place de guerre et que, puisqu'on la bombarde, on a ensuite le droit de la traiter en forteresse prise d'assaut. On y met le feu après avoir inondé de pétrole les portes et les boiseries des maisons. »

Ainsi M. de Chaudordy reproche aux armées allemandes :

1° D'avoir bombardé des villes ouvertes ;

2° D'avoir bombardé sans avertissement préalable ;

5° De s'être prévalu de ce bombardement irrégulier pour traiter ensuite la ville bombardée en forteresse prise d'assaut.

1° Il y a dans le premier de ces reproches une véritable équivoque, qu'il importe de dissiper dans l'intérêt des principes. Il est évident que, lorsque les auteurs du droit des gens parlent de *villes ouvertes*, ils entendent les villes *non fortifiées et non défendues*, c'est-à-dire celles où l'ennemi doit s'attendre à pouvoir pénétrer sans résistance. Toute autre interprétation conduirait à cette conséquence absurde que, au nom du droit des gens, les villes non systématiquement fortifiées seraient plus aisées à défendre que les villes systématiquement fortifiées. En effet les premières pourraient servir de refuge à une armée entière, ou, du moins, leurs habitants pourraient s'armer jusqu'aux dents et convertir chacun de leurs quartiers en citadelle, sans qu'il fût permis à l'ennemi d'y pénétrer par les moyens ordinaires de destruction. Cette conséquence serait en outre inhumaine, car elle ferait dépendre, dans la plupart des cas, la prise des villes non fortifiées d'une véritable guerre de rues, toujours infiniment plus sanglante et plus atroce qu'un bombardement.

Il faut en revenir, cette fois encore, à la véritable *ratio decidendi*. Ce qui fait, en général, la différence entre les villes fortifiées et les villes non fortifiées, et ce qui permet de confondre d'ordinaire celles-ci avec les villes ouvertes, c'est que l'ennemi doit s'attendre à trouver de la résistance de la part des unes et à n'en pas trouver de la part des autres. Mais la différence cesse, du moment où il est constaté que cette présomption est inexacte. Il n'appartient peut-être pas à un étranger de blâmer le gouvernement français d'avoir enjoint, sous peine d'infamie, aux autorités et aux habitants des moindres villages, de pousser jusqu'à ses dernières limites la résistance armée à l'occupation étrangère. Mais nous avons du moins le droit de dire que, en donnant de pareils ordres, il devait en prévoir les conséquences, et s'attendre à ce que la défense provoquerait l'attaque.

2° Ce que l'on peut réellement exiger d'une armée envahissante, c'est qu'elle ne bombarde des places, fortifiées ou non, qu'après avoir acquis la certitude de leur intention de se défendre. Si les Allemands ont violé cette loi, s'ils se sont servis des bombes et des obus pour atteindre des résultats militaires qu'ils auraient peut-être pu obtenir à l'aide d'une simple sommation ou de tout autre moyen moins rigoureux, ils ont incontestablement commis un grave abus contre le droit des gens et de l'humanité. Sous ce rapport, et en laissant de côté le bombardement de Paris, sur lequel nous reviendrons, nous ne pouvons que blâmer la manière dont a procédé le corps chargé du siège de La Fère, s'il est vrai, comme l'a officiellement affirmé le commandant de cette place que, « après un investissement » de quinze jours, ... l'ennemi a ouvert le feu *sans avertissement ni* » *sommation préalables* (1). » Nous devons ajouter toutefois que ce fait est le seul de ce genre sur lequel nous ayons quelque renseignement précis. En revanche, les journaux ont publié plusieurs réponses, dont quelques-unes fort belles, adressées par des commandants français aux sommations qui leur avaient été faites, et, en ce qui concerne les villes non fortifiées, un placard affiché à St.-Quentin par les soins de la municipalité de cette ville nous fait connaître la manière dont on peut admettre que les choses doivent s'être passées dans un grand nombre de cas. Voici une partie de ce document:

« Les alternatives de la guerre ont ramené une fois de plus l'ennemi dans notre ville. Le sang a coulé hier dans nos rues, plusieurs de nos concitoyens sont tombés victimes innocentes.

---

(1) *Rapport du capitaine de frégate Planche, commandant supérieur de La Fère, au ministre de la guerre à Tours et au général commandant à Lille.* St. Quentin, 27 novembre. « Cette malheureuse petite ville, » ajoute le rapport, « a été écrasée sous une pluie de bombes et d'obus. Une grande partie est incendiée, les approvisionnements en partie consumés etc. »

» Aujourd'hui, à neuf heures et demie du matin, la commission municipale de St.-Quentin a reçu du commandant des troupes allemandes la lettre suivante :

« Hier, j'avais l'intention d'entrer à St.-Quentin sans intention hostile. Une grande partie des habitants m'a reçu à coups de pierres et de fusils. — J'invite la commission municipale de m'accorder l'honneur d'un pourparler, à onze heures, à l'issue de Saint-Quentin, du côté de La Fère, où je me trouverai avec une partie de mes troupes. — Au cas où la commission municipale ne paraîtrait pas à l'heure indiquée, le bombardement de la ville commencera à onze heures et demie.

» Devant Saint-Quentin, le 6 Décembre 1870.

Signé : Bock

Commandant du détachement pour l'occupation de Saint-Quentin.

» La commission n'a pas hésité à se rendre à cette sommation, et pour préserver la ville des malheurs qui la menaçaient et de l'entrée de l'ennemi elle a laissé dans ses mains deux de ses membres comme otages etc. »

Nous ne saurions trouver rien que de correct dans cette façon de procéder. Le seul point qui pourrait soulever quelques doutes est la clause relative aux otages. C'est une question que nous examinerons plus loin.

5° En ce qui concerne le troisième fait articulé par le comte de Chaudordy, nous devons dire que nous n'avons rencontré nulle part d'indice de cette conduite atroce qui consisterait à se prévaloir du bombardement irrégulier d'une ville, pour la traiter ensuite en forteresse prise d'assaut. Nous sommes porté à croire que l'honorable diplomate français a eu en vue, dans sa phraséologie un peu vague, les cas où des localités ont été bombardées et incendiées en guise de répression pour violences commises par la population civile sur des soldats ennemis. Mais ce procédé, que nous avons déjà blâmé en thèse générale (V. *La guerre actuelle dans ses rapports*, etc., p. 52), et sur lequel nous reviendrons, est au fond bien différent de celui qu'indique M. De Chaudordy. Celui-ci en effet serait absolument condamnable, puisqu'il consisterait à faire le mal pour le mal, ce qui est non-seulement étranger, mais contraire au but de la guerre, tandis que, dans l'autre cas, la question à se poser est une question de mesure et de nécessité relative.

Un autre reproche adressé aux armées allemandes est celui de lancer des bombes jusque dans l'intérieur des villes, au lieu de se borner à assiéger les fortifications. Ce reproche est formulé avec une grande énergie dans une lettre adressée, le 22 janvier 1871, par le général Faidherbe au sous-préfet de Péronne [1]. Le général y traite une question de discipline militaire intérieure : celle de savoir si le commandant d'une place forte a le droit de se rendre pour éviter le bombardement, et il conclut pour la négative. Mais il ajoute incidemment les réflexions qui suivent :

« Autrefois on faisait le siége des fortifications d'une ville forte en ménageant la ville. C'était une sorte de convention internationale. C'était du droit des gens.

» Les Prussiens, en cela comme en bien d'autres choses, ont rompu avec le passé. Ils n'assiégent plus les fortifications, ils bombardent les villes.

» Moi, je les accuse de manquer aux usages, aux ménagements pour les populations, que les peuples civilisés gardaient dans leurs guerres, à une convention tacite, si elle n'est pas écrite. C'est donc leur loyauté que j'incrimine. Car remarquez que, si vous les accusez d'inhumanité, ils vous répondent que c'est, au contraire, par humanité qu'ils agissent ainsi.

» Voyez Péronne : sa prise leur a coûté quelques hommes, mettez, si vous voulez quelques centaines d'hommes; et à nous une dizaine de militaires et autant de civils tués ou blessés. Or, savez-vous ce qu'eût coûté un siége en règle de la ville de Péronne bien défendue? Mille à quinze cents hommes aux assiégés et trois à quatre mille hommes aux assiégeants, comparez ! »

Il nous semble que ce dernier calcul est la réfutation péremptoire de l'accusation du général français. Comment en effet qualifier de contraire au droit des gens un procédé qui aboutit à chiffrer les pertes par centaines au lieu de les chiffrer par milliers? Ou bien est-ce que les pierres des maisons seraient plus précieuses que la vie des hommes? Alors même que la convention tacite, dont parle le général Faidherbe, aurait existé, cette convention ayant été nécessairement fondée sur des raisons d'humanité, ne serait plus obligatoire du moment où l'humanité conseillerait de la rompre. D'ailleurs cette convention tacite n'existe pas. Le droit des gens à cet égard n'a pas changé depuis Vattel qui écrivait: « détruire une ville par les bombes et les boulets rouges, est une extrémité à laquelle on ne se porte pas sans de grandes raisons. Mais elle est autorisée cependant par les lois de la guerre, lorsqu'on n'est pas en état de réduire autrement une place importante de laquelle peut dépendre le succès de la guerre, ou qui sert à nous porter des coups dangereux [2]. » Il n'y a ici d'autre convention tacite que celle de ne pas faire à l'ennemi un mal qui ne soit pas indispensable au but de la guerre. On ne pourrait d'ailleurs soutenir qu'il y ait de nos jours

<hr>

[1] V. *Indép. Belge*, 26 janvier 1871.
[2] VATTEL, *Droit des gens*, L. III, Ch. 9, § 169.

un seul État qui, en fortifiant une place, ne fasse entrer en ligne de compte l'éventualité, en cas de guerre, d'un bombardement de l'intérieur de la ville. De là en partie la suppression graduelle des petites forteresses et l'extension du périmètre des grandes (1).

Arrivons au siége de Paris. Quelques personnes ont soutenu, dans le principe, que ce siége était déjà par lui-même un attentat au droit des nations, ou plutôt au droit de l'humanité : proposition plus facile à émettre qu'à justifier. Car pourquoi fortifier Paris, si ce n'était en vue d'un siége? Aussi cette opinion n'a-t-elle pas trouvé d'écho dans le monde juridique (2).

Paris fut complètement investi dès le 19 septembre. Nous consacrerons plus loin un § spécial à exposer l'attitude des diplomates neutres restés dans Paris après l'investissement. Il ne doit être question ici que des rapports créés par le siége entre les belligérants, et spécialement du bombardement de Paris sans avertissement officiel préalable.

De même et à plus forte raison que le siége, le bombardement de Paris, avec ou sans avertissement, a été représenté comme un crime de lèse-humanité et de lèse-civilisation. Dès le 17 novembre, l'académie royale d'Irlande, prévoyant le bombardement, a invité les sociétés savantes de tous les pays civilisés à se joindre à elle pour obtenir que le gouvernement britannique protestât « contre l'anéantissement dont sont menacés, par les opérations militaires, les trésors scientifiques et artistiques de Paris. » Entre autres réponses, l'académie Irlandaise en reçut une, datée du 14 décembre 1870, de l'université allemande de Gœttingen.

« Quand jadis, » dit dans cette réponse le pro-recteur, Dr R. Dove, parlant au nom du corps universitaire, « la France résolut de transformer cette place qui renferme de si nombreux trésors de la civilisation — une propriété de l'humanité tout entière, comme vous le faites remarquer, en une forteresse, la plus grande de la terre, l'occasion eût pu paraître tout indiquée aux corps savants de l'Angleterre de se mettre à la tête d'une manifestation contre une entreprise aussi contraire à la civilisation. On n'a pas entendu non plus la science protester, comme l'académie royale d'Irlande veut le faire aujourd'hui pour Paris, quand Rome, qui ne renferme pas moins de trésors scientifiques et artistiques, précieux et uniques, fut prise en 1849 par l'armée française

---

(1) V. dans ce sens une lettre adressée au journal belge : *la Discussion*, n° du 29 janvier 1871.

(2) V. à ce sujet lettre d'*Americus* (Dr F. Lieber) au journal de New-York : *Evening-Post*, 20 septembre 1870. Il est remarquable, pour le dire en passant, que, dès ce moment, M. Lieber prévoyait le véritable danger qui menaçait la société française. Ce n'est pas, écrivait-il, « le soldat allemand qui saccagera Paris : ce sont les Rouges, les *sans-culottes*, conduits par des *sans-culottes à gants glacés*. Voilà les barbares qui mettent la société française en péril,.... »

sous les ordres d'Oudinot, ou dans le courant de cette année par les troupes italiennes. Bien plus, quand les propres troupes de Sa Majesté britannique assiégèrent dans Delhi les cipayes révoltés..... on n'a entendu aucune protestation s'élever en Angleterre pour chercher à protéger contre les canons anglais, cette ville si riche en monuments de l'ancienne civilisation.

» Quant à ce qui concerne Paris, les chefs de l'armée allemande ont eux-mêmes déjà affirmé qu'ils useront, dans les opérations du siège, de tous les ménagements qui pourront se concilier avec le devoir impérieux de conduire à son but la lutte que l'Allemagne a été contrainte d'accepter. Aussi eût-il au moins convenu aux corps savants de l'Angleterre de se montrer reconnaissants de ce que les chefs de l'armée aient retardé jusqu'ici le bombardement de la ville assiégée, au lieu d'exercer une pression sur le gouvernement de leur pays, pour accabler ces mêmes chefs d'une nouvelle importunité... » etc.

En fait, le bombardement de Paris, depuis longtemps redouté par les uns, sollicité par les autres, — et notamment par une partie de la presse allemande qui se plaignait que, par ménagement pour la ville assiégée, on usât, dans une foule de combats meurtriers et sous une température exceptionnellement rigoureuse, les forces de l'armée assiégeante, — le bombardement a commencé le 6 janvier 1871, c'est-à-dire après trois mois et demi de siége. Dès le 9 janvier, le gouvernement de la défense nationale adressait la pièce suivante aux représentants de la France à l'étranger :

« Nous dénonçons aux cabinets européens, à l'opinion publique du monde, le traitement que l'armée prussienne ne craint pas d'infliger à la ville de Paris.

» Voici quatre mois bientôt qu'elle investit cette grande capitale et tient captifs ses deux millions quatre cent mille habitants.

» Elle s'était flattée de les réduire en quelques jours.

» Elle comptait sur la sédition et la défaillance. Ces auxiliaires faisant défaut, elle a appelé la famine à son aide.

» Ayant surpris l'assiégé privé d'armée, de secours et de gardes nationales organisées, elle a pu l'entourer à son aise de travaux formidables, hérissés de batteries, qui lancent la mort à huit kilomètres.

» Retranché derrière ce rempart, l'armée prussienne a repoussé les attaques offensives de la garnison, puis elle a commencé à bombarder quelques-uns des forts. Paris est resté ferme.

» Alors, sans avertissement préalable, l'armée prussienne a dirigé contre la ville des projectiles énormes, dont ses redoutables engins lui permettent de l'accabler à deux lieues de distance.

» Depuis quatre jours, cette violence est en cours d'exécution.

» La nuit dernière, plus de 2,000 bombes ont accablé les quartiers de Montrouge, de Grenelle, d'Auteuil, de Passy, de Saint-Jacques et de Saint-Germain. Il semble qu'elles aient été dirigées à plaisir sur les hôpitaux, les ambulances, les prisons, les écoles et les églises.

» Des enfants et des femmes ont été broyés dans leur lit.

» Au Val-de-Grâce, un malade a été tué sur le coup. Plusieurs ont été blessés.

» Ces victimes inoffensives sont nombreuses, et nul moyen ne leur a été donné de se garantir contre cette agression inattendue.

» Les lois de la morale la condamnent hautement ; elles qualifient de crime la mort donnée hors des nécessités cruelles de la guerre. Or, ces nécessités n'ont jamais excusé le bombardement des édifices privés. Le massacre des citoyens paisibles, la destruction des retraites hospitalières, la souffrance et la faiblesse ont toujours trouvé grâce devant la force, et quand elles ne l'ont pas désarmée, elles l'ont déshonorée.

» Les règles militaires sont conformes à ces grands principes d'humanité. Il est d'usage, dit l'auteur le plus accrédité en pareille matière, que l'assiégeant annonce, lorsque cela lui est possible, son intention de bombarder la place afin que les non-combattants et spécialement les femmes et les enfants puissent s'éloigner et pourvoir à leur sûreté.

» Il peut cependant être nécessaire de surprendre l'ennemi afin d'enlever rapidement la position, et, dans ce cas, la non-dénonciation du bombardement ne constituera pas une violation des lois de la guerre.

» Le commentateur de ce texte ajoute : « Cet usage se rattache aux lois de » la guerre, qui est une lutte entre deux États et non entre des particuliers. » User d'autant de ménagements que possible envers ces derniers, tel est le » caractère distinctif de la guerre civilisée. Aussi, pour protéger les grands » centres de population contre les dangers de la guerre, on les déclare le plus » souvent villes ouvertes. L'humanité exige que les habitants soient prévenus » du moment de l'ouverture du feu, toutes les fois que les opérations mili- » taires le permettront. »

» Ici le doute n'est pas possible.

» Le bombardement infligé à Paris n'est pas le préliminaire d'une action militaire, il est une dévastation froidement méditée, systématiquement accomplie et n'ayant d'autre but que de jeter l'épouvante dans la population civile au moyen de l'incendie et du meurtre.

» C'est à la Prusse qu'était réservée cette inqualifiable entreprise sur la capitale qui lui a tant de fois ouvert ses murs hospitaliers.

» Le gouvernement de la défense nationale proteste hautement en face du du monde civilisé contre cet acte d'inutile barbarie, et s'associe de cœur aux sentiments de la population indignée qui, loin de se laisser abattre par cette violence, y puise une nouvelle force pour combattre et repousser la honte de l'invasion étrangère.

> Signé : Général Trochu, Jules Favre, Emmanuel Arago, Ernest Picard, Jules Ferry, Garnier-Pagès, Jules Simon, Eugène Pelletan.

» Les membres de la délégation du gouvernement de la défense nationale établis à Bordeaux déclarent s'associer à la protestation solennelle contre le bombardement de Paris, signée par leurs collègues.

> Ad. Crémieux, Glais-Bizoin, I. Fourichon, Léon Gambetta.

Ce document nous suggère les remarques suivantes :

1° Tous les reproches relatifs à la période antérieure au bombardement peuvent se résumer dans celui d'avoir assiégé et investi Paris. Rien n'est certes plus naturel et plus sympathique que la douleur de tout Français en voyant se réaliser cette terrible éventualité. Mais s'il est vrai, comme le dit l'auteur cité par le gouvernement de la défense nationale, que, « pour » protéger les grands centres de population contre les dangers de la guerre, » on les déclare souvent villes ouvertes, » il en résulte seulement qu'il faut regretter que les gouvernements français antérieurs ne se soient pas conformés à cette théorie, en s'abstenant de fortifier Paris, et par conséquent d'en faire, *ipso facto*, une ville fermée.

2° Le document lui-même et l'autorité citée admettent implicitement que le bombardement d'une ville assiégée peut être légitime, s'il est utile au succès des opérations militaires. Mais cette question d'utilité militaire exigerait, pour être résolue à priori, une compétence spéciale que nous ne possédons point. Seulement si l'on se place au point de vue du résultat, il peut être intéressant de constater que les horreurs du bombardement de Paris n'ont pas été à beaucoup près aussi épouvantables que tendrait à le faire supposer la proclamation française. D'après les relevés quotidiens du *Journal Officiel français*, Paris a perdu, par suite de 22 jours de bombardement (du 6 au 28 juin), 31 enfants, 23 femmes et 53 hommes, soit 107 personnes tuées sur le coup, ce qui donne une moyenne de 5 environ par jour. De plus il y a eu 276 blessés, dont une partie n'ont survécu que peu de temps à leurs blessures. C'est beaucoup sans doute, surtout si l'on considère que les victimes appartenaient à la population civile. Mais les victimes de la famine et des maladies qu'elle fait naître appartenaient aussi à la population civile ! Et parmi les milliers de soldats ou de gardes nationaux qui tombaient à chaque sortie, combien n'y en avait-il pas dont la perte était, pour leurs familles, plus cruelle que la mort même! Si donc, en bombardant Paris, l'armée allemande pouvait raisonnablement espérer d'avancer de quelques jours une reddition, d'ailleurs inévitable, et d'empêcher une seule sortie, le procédé ne mériterait pas les dures qualifications que lui inflige le gouvernement de la défense nationale. Au surplus, dans la dernière guerre civile, l'armée du gouvernement de Versailles n'a pas reculé devant cette mesure extrême, et personne n'a songé à l'en blâmer.

5° En présence des chiffres qui précèdent et qui portent la moyenne des victimes du bombardement à 15 par jour, dont 8 blessés, l'accusation de « diriger *à plaisir* le feu sur les hôpitaux, les ambulances, les prisons, les écoles et les églises, » n'est guère soutenable, et l'on ne comprend guère surtout que, après trois jours d'expérience, les signataires du document se soient crus en droit de formuler une aussi horrible imputation.

4° Le reproche d'avoir commencé le bombardement sans notification préalable est plus sérieux. A la vérité, les Parisiens devaient s'attendre, et ils s'attendaient en effet à être bombardés tôt ou tard. « La Prusse, » disait M. J. Favre dans sa circulaire du 21 novembre, « investit depuis deux mois notre capitale qu'elle menace de bombardement et de famine. » Dès la première moitié de Décembre, tous les journaux anglais (*Daily Telegraph*, *Daily News*, *Times*, *Standard*, etc.) annonçaient le bombardement de Paris comme imminent. Le 27 Décembre commençait le bombardement du Mont-Avron, suivi de la prise de cette position et du bombardement des forts. Les Parisiens n'ont donc pas été pris absolument à l'improviste. Cependant nous ne croyons pas que toutes ces circonstances réunies justifient l'omission de la notification. Celle-ci, en effet, est dans tous les cas une mesure dictée par l'humanité, en ce qu'elle fait connaître aux habitants le moment exact de l'ouverture du feu et les met par-là à même de prendre, à la dernière heure, certaines mesures dans l'intérêt de la partie tout à fait inoffensive de la population. Or, on ne voit pas quels étaient, dans l'occurrence, les motifs pour déroger à la règle générale.

M. Fréd. Harrison, dans sa lettre citée ci-dessus, p. 6, note 5, nous adresse une question qui implique, contre le bombardement de Paris, un argument encore différent de ceux que nous avons déjà examinés. « Est-ce que, » dit-il, « ce n'est pas là un procédé inouï et contraire au droit international, si l'on considère l'immense distance entre l'intérieur de la cité et les fortifications, et le fait que les armées sont maintenues, abritées, nourries et approvisionnées, non par le centre de la cité, mais par l'enceinte et ses environs; la « cité » se composant à tous égards d'une population civile que l'espace, l'organisation et l'action distinguent parfaitement de l'armée active de la défense? Y a-t-il quelque justification en droit pour la destruction intentionnelle de bâtiments publics inhabités, qui sont simplement des monuments nationaux? » — Nous répondons : quant à la distance entre l'intérieur de la cité et les fortifications, c'est là un fait entièrement relatif. L'histoire des siéges et des batailles n'est autre chose que celle des progrès faits par le génie protecteur ou destructeur de l'homme, pour s'attaquer et se défendre à des distances toujours croissantes, et jusqu'ici le point jusqu'où il était permis d'atteindre, à ne considérer que la distance seule, n'a pas dépendu du droit de la guerre, mais de la portée des armes. — La distinction « d'espace, d'organisation et d'action » entre la population civile et l'armée de défense, serait une objection incontestablement plus sérieuse si elle pouvait être prouvée. Mais c'est le contraire qui nous paraît résulter des faits. Est-ce que tous les récits parus pendant ou depuis le siége ne sont pas en effet unanimes à nous représenter Paris comme ayant l'aspect d'un camp retranché plutôt que d'une ville, les bourgeois transformés en gardes nationaux, parmi lesquels se recrutaient les bataillons de marche, presque chaque maison logeant un ou plusieurs mobiles de la province, les jardins publics devenus des champs d'exercice? Mais s'il en était ainsi, ce côté de la question fournirait plutôt un élément de plus pour excuser le bombardement. — En ce qui concerne enfin la *destruction intentionnelle* de bâtiments inhabités, il faudrait prouver d'abord qu'il y a eu *destruction*, ensuite qu'elle a été *intentionnelle*. Or nous savons que quelques obus ont malheureusement causé des dégâts à un petit nombre de monuments nationaux, mais nous n'avons pas appris que ces dégâts aient eu le caractère d'une destruction complète ou même partielle. Sur la question d'intention, il y aurait à concilier l'imputation de M. F. Harrison : de s'attaquer à des bâtiments inhabités, avec celle du gouvernement de la défense nationale : de s'en prendre à plaisir aux bâtiments les plus habités, hôpitaux, écoles etc., le tout par le brouillard et à huit kilomètres de distance. Enfin il y aurait à concilier ces deux imputations avec ce que disaient les journaux parisiens pendant le siège : « Chacun sait maintenant que ces bombardements à jet continu sont plus bruyants que dangereux, et ne représentent en définitive qu'*un immense gaspillage de munitions d'artillerie.* » (*Illustration de Paris,* n° du 21 janvier 1871).

5. — *Emploi de troupes africaines.* — A ce que nous avons déjà dit [1]

---

[1] V. *La guerre actuelle,* etc., p. 21.

concernant l'emploi de ces troupes, il convient d'ajouter les termes dans lesquels l'*Indépendance algérienne* et d'autres feuilles françaises ont exhorté les *goums*, troupes mercenaires africaines de nouvelle formation, à faire une incursion en Allemagne [1] :

« Nous vous connaissons, nous apprécions votre courage, nous savons que vous êtes énergiques, entreprenants, impétueux ; allez, et coupez les têtes ; plus vous en couperez, plus notre estime pour vous augmentera.... Arrière la pitié ! Arrière les sentiments d'humanité ! Les goums seront à la hauteur de leur tâche, il suffit que nous leur lâchions la bride, en leur disant : Mort, pillage et incendie ! »

Ne pourrait-on répondre à ce langage, dont nous ne voudrions pas, du reste, rendre toute la nation française responsable, par les paroles que Lord Chatham prononçait, en 1777, à la Chambre des Lords, au sujet de l'emploi des sauvages Indiens dans la guerre de l'Angleterre contre ses colonies révoltées? « Quel est l'homme qui, pour compléter ces disgraces de notre armée, a osé associer à nos armes la massue et le couteau du sauvage? Appeler dans une alliance civilisée les féroces sauvages des forêts, remettre à l'impitoyable Indien la défense de nos droits contestés, soudoyer les horreurs de cette guerre barbare contre nos frères ! Mylords, ces monstruosités demandent vengeance et punition ; si vous ne les effacez point, il en restera une souillure sur le caractère national ! [2] ».

4. — *Francs-tireurs, levée en masse, soulèvement des populations* etc. — Nous avons traité avec un certain détail, dans la première partie de ce travail, la question des conditions auxquelles les combattants, étrangers à l'armée régulière, et luttant sur la portion non encore occupée de leur territoire, doivent satisfaire pour être traités en soldats par l'ennemi [3]. Ces conditions, avons-nous dit, sont au nombre de trois :

1° Ordre émanant de l'autorité légale, ou tout au moins d'un groupe considérable de citoyens constitué de fait en vue d'organiser la défense nationale ;

2° En thèse générale, des insignes militaires et uniformes inséparables de la tenue et reconnaissables à portée de fusil sauf que

3° Dans le cas d'une *levée en masse* ou *landsturm*, les citoyens qui auront

<hr>

(1) Cette citation, que nous empruntons à une circulaire de M. de Bismark, du 9 janvier 1871, n'a pas été démentie dans la réponse de M. de Chaudordy, du 25 janvier suivant.

(2) Cité par Villemain, littér. française au XVIIIme siècle. — Ed. Didier, T. IV, p. 86.

(3) V. *La guerre actuelle*, etc., pp. 22-28.

pris les armes devront, même s'ils n'ont pas d'uniformes, être traités en prisonniers de guerre, lorsqu'il résultera des circonstances que l'absence d'uniforme n'est pas un moyen dont ils se servent pour faire une guerre déloyale.

Presqu'au même moment où nous arrivions à ces conclusions, un membre du barreau anglais lisait devant la *Juridical Society* un travail, dans lequel il donnait à la même question une solution à-peu-près conforme à la nôtre [1]. M. Droop exige cependant deux conditions de plus que nous, savoir :

4° Que les combattants soient sous le contrôle effectif d'officiers reconnus par les autorités supérieures de l'état et responsables envers elles;

5° Qu'ils observent eux-mêmes les lois de la guerre.

Mais le 4° nous paraît compris dans notre 1°, attendu que l'ordre émané de l'autorité légale ou *de facto* aura nécessairement pour conséquence la reconnaissance et la responsabilité des officiers. Quant au 5°, il va de soi qu'il est toujours sous-entendu dans le droit de la guerre, dont cette condition de réciprocité forme jusqu'à présent la sanction la plus efficace.

M. Droop limite la règle de l'uniforme (v. sup. 2°) au cas où les combattants agissent isolément ou par petits groupes, mais il en dispense les grands corps d'armée. Cette distinction nous paraît d'un côté peu pratique, de l'autre assez dangereuse. En effet, en-dehors du cas de la levée en masse ou *landsturm* (dont question au 5°), on n'imagine pas bien, dans un de nos États modernes, un corps de soldats assez exercés pour pouvoir manœuvrer en grandes masses, et assez dépourvus de tout pour n'avoir pas même de quoi se distinguer, par leur costume, du bourgeois et du paysan. Ensuite le chiffre à partir duquel on pourra considérer une agglomération d'hommes armés comme « grand corps d'armée » sera très difficile à fixer, et dans tous les cas très arbitraire. Enfin l'intensité même de l'agglomération sera encore plus malaisée à déterminer, un corps d'armée n'agissant pas toujours et nécessairement en masse, ou se massant à des degrés de concentration très divers.

Au surplus la lettre suivante, émanée du général allemand De Werder, montre quelle a été la distinction appliquée dans la pratique entre le franc-tireur et le paysan armé :

---

[1] *On the relations between an invading army and the inhabitants, and the conditions under which irregular troops are entitled to the same treatment as regular soldiers*, by H. R. Droop, of Lincoln's Inn, Barrister-at-Law. — A paper read before the Juridical Society. — London, Wildy et Sons, 1871.

» *Au commandant du corps franc des Vosges, l'honorable M. Bourrias à Nuits :*

» Je viens de recevoir votre honorée de ce jour, et je réponds à cet égard qu'il n'y a aucun ordre de fusiller quelques-uns, surtout prisonniers, quoiqu'ils appartiennent à un corps franc.

» J'ai aussitôt ordonné une enquête à cette occasion. Je veux pourtant remarquer que *les paysans non habillés militairement*, quand ils ont tiré sur nos soldats, sont traités sommairement et passés par les armes (1) ».

Ce qu'il faut souhaiter c'est que, à l'avenir, les peuples libres aient assez de constance et de prévoyance pour se donner une forte organisation militaire, basée sur la participation égale de tous à la défense de la patrie. C'est là pour eux un devoir, non-seulement national, mais humanitaire. Car plus la guerre sera conduite de part et d'autre par des troupes régulières et disciplinées, moins l'humanité aura à souffrir. Sans doute il y a place, ailleurs que sous l'uniforme, pour les sentiments les plus nobles et la conduite la plus héroïque, et il faut admettre que, parmi ces malheureux paysans, fusillés en vertu des lois de la guerre, plus d'un n'était coupable que d'avoir obéi à un sentiment instinctif et presque irrésistible de patriotisme local. Mais il faut admettre d'autre part que le genre de résistance, d'ailleurs peu efficace en définitive, opposé par eux à l'invasion étrangère, devait inévitablement conduire d'une part au banditisme et à ses pires excès, de l'autre à une répression sévère. C'est là un fait dont la presse et le gouvernement français lui-même semblent ne pas s'être rendus toujours suffisamment compte, lorsqu'ils encourageaient le système que M. de Girardin appelait, en le recommandant, « *la nationalisation de la chouannerie !* » Nous croyons au contraire avec le Dr Arnold (2) :

« Que c'est le strict devoir de tout gouvernement, non-seulement de ne pas encourager une guerre aussi irrégulière de la part de la population, mais de la réprimer avec soin et de n'opposer à l'ennemi que ses troupes régulières, ou des hommes régulièrement organisés et agissant sous des officiers autorisés, qui observeront les règles que l'humanité prescrit dans une guerre régulière. Et ce que l'on appelle les insurrections patriotiques, ou les soulèvements irréguliers de toute la population pour harasser une armée envahissante, devrait toujours être condamné, sans distinguer par qui ou contre qui ce moyen est employé, — comme une ressource d'une efficacité restreinte et

(1) Citée par l'*Ind. belge* du 9 décembre. — Correspond. de Besançon.
(2) *Lectures on Modern History*, p. 100. — Nous empruntons cette citation à M. Droop, op. c.

douteuse, mais d'une atrocité certaine, et comme la plus terrible des aggravations aux maux de la guerre. »

5. — *Des actes hostiles commis dans les parties du territoire déjà occupées par l'ennemi, et de la répression de ces actes.* — Nous avons dit (V. *La guerre actuelle*, etc. pp. 28-33) ce que nous pensions des mesures de répression comminées en principe par les proclamations allemandes. Il nous a été et il nous est encore impossible de les approuver toutes, même en concédant aux exigences de la guerre tout ce qu'on ne doit pas absolument leur refuser au nom de l'humanité et de la justice. Non pas que cette guerre ait été en réalité plus cruelle que celles *du même ordre* qui l'ont précédée, mais parce que, ne nous contentant pas du droit sanctionné par les précédents, nous voulons nous placer avant tout à un point de vue progressif et humanitaire. D'accord donc en ceci avec le colonel Hamley [1], nous croyons que ce point serait un des premiers à régler par voie de convention internationale, analogue à celles de Genève et de St-Pétersbourg. S'il était vrai du reste, comme on l'a dit, que le système de répression adopté par les autorités allemandes ait été en général [2] moins sévère en Lorraine et en Alsace que dans les autres provinces occupées par eux, mais qu'ils ne tenaient point à garder définitivement, — cette différence tendrait précisément à justifier nos critiques. Car la raison de guerre étant le seul motif légitime des rigueurs militaires, et certaines lois d'humanité et de morale leur seule limite, il en résulte que, si les mesures appliquées en Alsace et en Lorraine étaient suffisantes pour certains cas donnés, les mêmes mesures auraient dû suffire en Champagne et en Normandie pour des cas analogues. Par conséquent tout ce qui les dépassait, n'étant pas rigoureusement nécessaire, était injuste et illégal.

Il va de soi que nous ne pouvons entrer ici dans l'examen des cas particuliers. Ce point est un de ceux auxquels nous faisions surtout allusion au début de cette seconde étude, et où la vérité des faits ne s'est pas encore fait jour avec une complète évidence historique. Nous sommes donc forcé de nous borner à l'examen de quelques documents émanés des autorités allemandes, et aux termes desquels il faut présumer que les chefs ont agi. Sous ce rapport nous rencontrons d'abord une proclamation, qui a été

---

(1) Lettre au *Times*, 22 février 1871. — V. un extrait de cette lettre ci-dessus p. 6. Le colonel Hamley est professeur d'histoire militaire à l'école militaire de Sandhurst. Ses écrits spéciaux lui ont donné en Angleterre une grande réputation de théoricien stratégiste.

(2) Nous verrons tout-à-l'heure une exception remarquable en ce qui concerne les Lorrains et les Alsaciens rejoignant le drapeau français.

affichée dans les communes envahies ou réquisitionnées du département des Ardennes, et dont voici le texte intégral :

« On rappelle aux habitants la proclamation suivante du commandant en chef de la 2ᵉ armée allemande en date du 51 août 1870.

» Le commandant en chef de la 2ᵉ armée allemande fait connaître derechef par le présent arrêté, que tout individu qui ne fait partie ni de l'armée régulière française, ni de la garde nationale mobile, et qui sera trouvé muni d'une arme, portât-il le nom de franc-tireur (1) ou autre, du moment où il sera saisi en flagrant délit d'hostilité vis-à-vis de nos troupes, sera considéré comme traître et pendu ou fusillé, sans autre forme de procès.

» Je préviens les habitants du pays que, selon la loi de guerre, seront responsables toutes les communes sur le territoire desquelles les délits prévus auront lieu.

» Les maires des endroits dans les environs doivent prévenir le commandant du détachement prussien le plus près sitôt que les francs-tireurs se montrent dans leurs communes.

» Selon la même loi, toutes les maisons et villages qui donneront abri aux francs-tireurs, sans que le maire donne la notice susdite, et d'où les troupes allemandes seront attaquées, seront *brûlés* ou *bombardés*.

» Les communes sont en outre responsables des dégâts causés sur leur territoire au télégraphe, chemin de fer, ponts et canaux. Une contribution leur sera imposée, et, en cas de non paiement, on les menace d'incendie.

» Boulzicourt, le 10 décembre 1870.

» Le général major et commandant de la 5ᵐᵉ division de réserve,

» WENDEN. »

Nous admettons, comme nous l'avons déjà fait antérieurement, une distinction nécessaire entre les contrées envahies et occupées, et celles qui sont seulement attaquées. Les premières, selon l'heureuse expression d'un Américain, à la fois guerrier et juriste éminent, le général Halleck, « sont virtuellement à l'état de prisonniers de guerre sur parole (2) », c'est-à-dire que leurs habitants sont libres dans leur administration locale et dans leurs occupations quotidiennes ; mais à condition de ne prendre aucune part,

---

(1) Ceci ne s'applique évidemment qu'aux francs-tireurs irréguliers, opérant en pays envahi, et ayant par conséquent le caractère de *rebelles (Kriegsrebellen)* V. *La guerre actuelle*, etc. p. 29. Sans cela il y aurait contradiction formelle entre cette disposition et celles que nous avons citées au n° précédent, d'où il résulte que les francs-tireurs régulièrement organisés en pays non-envahi sont assimilés aux soldats de l'armée. (*La guerre actuelle*, etc., pp. 25 et 26.

(2) *International law*, ch. XXXII, § 16, p. 793. — Cité par DROOP, op. c.

et de ne donner aucun encouragement à des actes d'hostilité contre l'armée occupante. C'est à leurs administrateurs à user de toute leur influence personnelle et légale pour qu'il en soit ainsi. Voilà ce que l'armée occupante a le droit d'exiger. Il faut encore admettre qu'elle puisse au besoin appuyer cette exigence d'une sanction très-sévère, surtout lorsque les actes d'hostilité ont été accompagnés de crimes contre le droit commun. Mais la proclamation qui précède va plus loin, dans quelques-unes de ses parties. Elle tend à transformer les magistrats municipaux du pays envahi en agents, sinon en espions de l'armée envahissante. Et elle donne à cet ordre la terrible sanction de l'incendie ou du bombardement de toutes les maisons et villages « qui donneront abri aux francs-tireurs, sans que le maire donne la notice susdite. » Ainsi maire et habitants auront beau garder une attitude absolument neutre et passive. Il faudra encore que le maire se hâte d'appeler les troupes ennemies contre ses propres concitoyens sous peine, s'il hésite, d'attirer le châtiment du feu sur tout son village. Voilà donc la non-résistance et la non-dénonciation transformées en actes de complicité. Nous n'hésitons pas à dire que, à nos yeux, il n'y a pas de nécessité militaire qui puisse justifier de pareilles règles. D'ailleurs l'expérience démontre que, en temps de guerre comme en temps de paix, la répression poussée au-delà d'une certaine mesure, loin d'intimider, ne fait qu'exaspérer les populations, et donne aux plus craintifs la force du désespoir.

Ce serait une étude intéressante et utile que celle des principes de ce droit pénal que les troupes envahissantes, juges et parties, ont jusqu'ici improvisé en temps de guerre, suivant les circonstances et aussi suivant le caprice de tel général d'armée. Quant à nous, quelles que soient les critiques que nous avons formulées contre certaines de ces dispositions, nous ne saurions partager l'opinion de ceux qui font même un reproche aux Allemands d'avoir procédé à ces mesures rigoureuses, « par voie réglementaire et en vertu d'ordres froidement délibérés au quartier-général. » Nous sommes porté au contraire à y voir un premier progrès. L'absence d'ordres généraux serait en effet l'arbitraire complet, échappant à tout contrôle comme à toute responsabilité, tandis que les ordres généraux sont des documents qui restent, qu'il n'est pas permis d'enfreindre, qui constituent par conséquent la reconnaissance implicite d'un certain droit chez les populations envahies, et qui fournissent enfin à la critique scientifique un élément positif de discussion. Dès-à-présent ce sera la tâche de la science de donner à ce *droit pénal de la guerre* (très-distinct du droit pénal militaire) une base rationnelle, fondée sur la nature des rapports qui s'établissent entre l'armée envahissante et la population civile des pays envahis. En général celle-ci sera tenue, comme condition de son repos, à une neutralité de fait, aussi complète que possible. Tout acte, toute participation à un acte ou toute tentative contraire à cette neutralité sera punissable. Ne pourra au contraire être considéré comme punissable le fait de ne pas prêter à l'envahisseur une assistance formelle et spontanée. Le genre de peine pourra être calculé de manière à agir efficacement par l'intimidation. Mais il y aura à observer dans l'ordre des peines une certaine gradation, suivant la nature du fait incriminé. Ainsi les faits qui en tout temps constituent des crimes contre le droit commun : l'assassinat de soldats isolés, les mauvais traitements exercés sur eux, la destruction de moyens de communication ou de transport, etc. pourront être châtiés avec la dernière rigueur. Il pourra être nécessaire d'y joindre exceptionnellement quelques faits, moins universellement odieux, mais tellement nuisibles à l'armée envahissante que, pour éviter une destruction complète, elle est obligée de s'en défendre à tout prix : fausses indications sur les routes, intelligences avec l'armée nationale, etc. Mais ici déjà la peine de mort devra être l'exception. Ces peines devront être autant que possible personnelles, c'est-à-dire frapper sur les auteurs des faits incriminés. Toutefois la responsabilité pénale collective sera bien difficile à éviter, dans les cas où il y aura lieu de croire que le fait incriminé a été favorisé par le mauvais vouloir des habitants, et où ce même mauvais vouloir opposera un invincible obstacle à une enquête complète. Il faudra bien alors accepter ces terribles extrémités où l'on atteint inévitablement les innocents avec les coupables, conséquence affreuse mais logique de la guerre, qui n'est elle-même que la responsabilité collective imposée à tout un peuple pour les fautes de ses gouvernants.

Nous trouvons un exemple remarquable de cette responsabilité collective dans les mesures prises par l'autorité allemande à la suite de la destruction, par des francs-tireurs, du pont du chemin de fer de Fontenoy, dans le département de la Meurthe. Le préfet allemand, comte Renard, ayant réquisitionné à Nancy cinq cents ouvriers pour la réparation de ce pont, ceux-ci s'y refusèrent au cri de *vive la République!* Aussitôt (23 janvier) parut l'avis suivant :

« Nous, préfet de la Meurthe,

» Considérant qu'après avoir requis 500 ouvriers, en vue d'exécuter un travail urgent, ceux-ci n'ont pas obtempéré à nos ordres ;

« Arrêtons,

1° Aussi longtemps que ces 500 ouvriers ne se seront pas rendus à leur poste, tous les travaux publics du département de la Meurthe seront suspendus ; sont donc interdits tous travaux de fabrique, de voirie, de rues ou chemins, de construction et autres d'utilité publique.

» 2° Tout atelier privé qui occupe plus de dix ouvriers sera fermé dès aujourd'hui et aux mêmes conditions que pour les travaux prémentionnés ; sont donc fermés tous ateliers de charpentiers, menuisiers, maçons, manœuvres, tous travaux de mines et fabrique de toute espèce.

» 3° Il est en même temps défendu aux chefs, entrepreneurs et fabricants, dont les travaux ont été suspendus, de continuer à payer leurs ouvriers.

» Tout entrepreneur, chef ou fabricant qui agira contrairement aux dispositions ci-dessus mentionnées sera frappé d'une amende de 10 à 50,000 fr. pour chaque jour où il aura fait travailler et pour chaque paiement opéré.

» Le présent arrêté sera révoqué aussitôt que les 500 ouvriers en question se seront rendus à leur poste, et il leur sera payé à chacun un salaire de 3 fr. par jour.

» Le préfet,
» Comte Renard. »

Un jurisconsulte français fort estimé, M. Ch. Vergé, dans ses notes sur le *Précis du droit des gens* de *De Martens*, § 280 (Ed. 1864, T. II, p. 254) dit que, dans les parties occupées d'un territoire, « les particuliers peuvent » être tenus de prestation personnelle, et, en cas de refus, être contraints » violemment à satisfaire aux ordres du vainqueur. » Cette opinion est confirmée par celle d'autres auteurs [1]. S'il en est ainsi, le fait de requérir 500 ouvriers pour exécuter un travail urgent n'était pas contraire au droit de la guerre, et si cette dernière proposition est vraie, les moyens *prohibitifs* employés pour obtenir les 500 ouvriers doivent être considérés comme licites. Il nous paraît au contraire que le fonctionnaire allemand a dépassé la mesure lorsque, dans l'après-midi du 23 janvier, il a fait publier une seconde affiche ainsi conçue :

« M. le préfet de la Meurthe vient de faire au maire de Nancy l'injonction suivante :

» Si demain, mardi 24 janvier, à midi, cinq cents ouvriers des chantiers

---

(1) Cf. Heffter, Trad. Bergson, § 181, n° II. Cu. De Martens va jusqu'à donner au vainqueur le droit de lever des recrues dans le pays occupé (*Précis du droit des gens*, § 280). Mais son commentateur Pinheiro-Ferreira critique, et avec raison, cette manière de voir, tout en admettant par là-même, *à contrario*, le droit aux prestations personnelles en général.

de la ville ne se trouvent pas à la gare, les surveillants d'abord, et un certain nombre d'ouvriers ensuite, seront saisis et fusillés sur place.

» Nancy, 25 janvier, quatre heures du soir. »

Nous ne savons si les armées Allemandes ont mis les ouvriers des pays envahis en réquisition pour des travaux militaires proprement dits, p. ex. pour creuser des tranchées devant une forteresse assiégée, etc. Le fait, quoique allégué, n'a pas été confirmé. Mais un décret excessivement sévère a été rendu pour empêcher les Alsaciens et les Lorrains d'aller s'enrôler dans les armées françaises régulières. En voici le texte :

« Nous, Guillaume, roi de Prusse, ordonnons, pour les gouvernements généraux de l'Alsace et de la Lorraine, ce qui suit :

» Art. 1. — Quiconque rejoint les forces françaises est puni d'une confiscation de ses biens actuels et futurs, et d'un bannissement de 10 années.

» Art. 2. — La condamnation a lieu par un arrêt de notre gouvernement général, qui, trois jours après sa publication dans la partie officielle d'un journal de ce gouvernement, entre en vigueur et doit être exécuté par les autorités civiles et militaires.

» Art. 3. — Tout paiement ou remise qui serait fait plus tard aux condamnés est regardé comme nul et non avenu.

» Art. 4. — Toute donation entre vifs et après décès, que le condamné a faite après ce décret, concernant sa fortune ou des parties de sa fortune, est nulle et non avenue.

» Art. 5 — Quiconque veut quitter son domicile doit en demander la permission au préfet, par écrit, en indiquant le but de son départ. Quiconque est absent pendant plus de huit jours de son domicile sans permission est supposé, en droit, avoir rejoint les armées françaises. Cette supposition suffit pour entraîner condamnation.

» Art. 6. — Les préfets ont à établir et à contrôler des listes de présence de toutes les personnes mâles.

» Art. 7. — Le produit de la confiscation est à livrer à la caisse du gouvernement général.

» Art. 8. — Le retour du bannissement entraîne la peine édictée par l'article 33 du Code pénal.

» Art. 9. — Ce décret entre en vigueur à partir du jour de sa publication.

» Fait au quartier général de Versailles, le 15 décembre 1870.

» Guillaume,

» De Bismark, De Roon. »

Il est remarquable que ce décret, frappant de peines très-fortes (confiscation et bannissement) les habitants des pays occupés qui partiraient dans l'intention, établie ou présumée, d'aller combattre sous les drapeaux de leur patrie d'origine, n'a été rendu que pour l'Alsace et la Lorraine. On serait tenté d'en conclure au premier abord que le gouvernement impérial allemand n'a pas entendu exercer ce droit en vertu du seul fait de l'occupation, mais bien en vertu de certains droits anciens qu'une *nationalité* commune aurait donnés à l'Allemagne sur ces pays, et que la guerre et la conquête auraient fait revivre. Nous parlerons plus loin du sens et de la valeur de ces droits. Mais quels qu'ils soient, nous ne croyons pas qu'ils justifieraient la mesure ci-dessus, dans le cas où le fait seul de l'occupation ne suffirait pas à la justifier. En effet ces droits sont demeurés pour ainsi dire en suspens, tant que la guerre a duré, et il a fallu la signature et la ratification du traité de paix pour leur donner une véritable efficacité juridique. Ensuite ces droits ne s'appliquaient qu'à l'ensemble du territoire, et non aux habitants individuellement considérés, de sorte que, même après la conclusion de la paix, la liberté d'émigration a dû être laissée à ceux-ci. D'ailleurs ce qui détruit l'idée d'une distinction de principe sur laquelle pourrait se fonder le décret, c'est qu'il s'applique même à la Lorraine française, que l'Allemagne n'a pas réclamée, à l'exception de Metz. C'est donc uniquement au point de vue du droit de la guerre naissant du fait de l'occupation qu'il faut le considérer. (1)

Sous ce rapport la question est double. Il s'agit d'abord de savoir si la nation qui occupe, en temps de guerre, une partie du territoire d'une autre nation peut chercher à empêcher les habitants d'aller rejoindre les drapeaux de leur patrie d'origine; ensuite, dans l'affirmative, si la peine édictée contre les récalcitrants n'est pas excessive.

Sur le premier point, on ne saurait nier l'affirmative, en tant qu'il s'agirait d'empêcher, au besoin par la force, le départ de tous ceux qui annonceraient ostensiblement leur intention d'aller rejoindre l'armée de leur pays. En effet, si on les considère comme appartenant déjà à l'armée, il n'y a pas de motif pour les traiter autrement que les militaires isolés que l'on intercepterait. Et si on les considère comme non-militaires, le fait qu'ils

---

(1) Nous ne voulons pas dire, bien entendu, que le gouvernement allemand n'ait pas eu des motifs politiques très-puissants pour porter ce décret en Alsace et en Lorraine seulement. Il est clair qu'il a voulu empêcher à tout prix ceux qu'il considérait déjà comme ses futurs sujets de s'armer contre leur ancienne et future patrie. C'est ce que prouve notamment la peine du bannissement de 10 ans, qui n'aurait pas de sens si elle n'avait dû s'appliquer, au moins en majeure partie, à des pays où le gouvernement allemand ne comptait pas se borner à une occupation temporaire.

posent un acte hostile ou se préparent à le poser, est contraire à leur neutralité. On peut donc les poursuivre, les arrêter, et les retenir comme prisonniers jusqu'à la fin de la guerre, empêcher l'établissement de bureaux de recrutement, etc. Dans cet ordre d'idées est rentrée naturellement la suppression de la conscription dans les contrées envahies (1). Nous croyons qu'il n'est pas même contraire au droit d'exiger des habitants que, pour s'absenter, ils se munissent d'un permis spécial, et de considérer comme suspects ceux qui, étant en âge de porter les armes, voyagent sans ce permis. En effet puisque l'envahisseur a, comme nous l'avons vu, droit à s'attendre, de la part des habitants, à une attitude neutre et passive, il en résulte qu'il peut prendre certains moyens de police pour en garantir l'observation.

Sur le second point nous ne pouvons que trouver exorbitants les moyens indiqués par le décret. La peine, odieuse par elle-même, de la confiscation générale de tous biens présents et futurs, devient plus odieuse encore lorsqu'elle s'applique à un acte qui, dans l'opinion de ses auteurs, a dû passer non-seulement pour légitime, mais pour obligatoire. A la vérité le franc-tireur irrégulier et le paysan armé que l'on fusille peuvent en dire autant. Mais là le danger à écarter est à la fois immédiat et certain. On est en présence d'une violation manifeste du droit de la guerre. Il n'en est pas ainsi de l'individu qui a réussi à s'échapper sans permis. On peut le comparer, soit au vaisseau neutre chargé de contrebande de guerre pour un des belligérants qui échapperait aux croiseurs de l'autre, soit à celui qui violerait un blocus. Une fois l'obstacle franchi, c'est à l'État dont la vigilance a été en défaut à en subir les conséquences, et il ne doit pas lui être loisible de se venger, soit sur le même vaisseau qu'il rencontrerait plus tard chargé d'autres marchandises, soit sur d'autres vaisseaux appartenant au même armateur. Tout ce que l'on pourrait admettre, c'est que, jusqu'au retour de la personne absente sans permis, l'état envahissant mît ses biens sous séquestre provisoire.

Si les autorités allemandes ne nous paraissent pas s'être toujours tenues, — nous ne disons pas dans les bornes trop larges des précédents, — mais dans celles de la raison et de l'humanité, en revanche les autorités françaises semblent avoir plus d'une fois perdu complètement de vue les règles élémentaires du droit des gens, soit dans leurs récriminations diplomatiques, soit dans le langage qu'elles tenaient à leurs propres administrés habitant en

(1) *La guerre actuelle*, etc. pp. 54 et 55.

pays étranger. Il suffit de lire les circulaires de M. de Chaudordy pour voir qu'il y confond absolument la répression des actes d'hostilité illégale, voire même des crimes commis par des particuliers en pays envahi, avec la lutte normale entre troupes régulières. Mais le fait suivant pourra mieux encore donner une idée de cette dangereuse aberration.

Pendant l'occupation de la ville de Soissons par les Allemands, un factionnaire prussien fut, dans la nuit du 27 au 28 octobre, attaqué et blessé par une main inconnue. Le lendemain la commission municipale française, fit afficher une proclamation ainsi conçue :

» Jusqu'ici la population soissonnaise s'est montrée calme, et nous avons droit de compter qu'elle continuera à comprendre la situation et les devoirs qu'elle impose.

» Cependant, un malfaiteur que nous ne pouvons croire être de notre ville, s'est livré cette nuit à un acte d'hostilité envers un factionnaire prussien.

» De tels faits ne sont pas seulement condamnables, ils peuvent amener des représailles et des rigueurs qu'il importe à tous de conjurer.

» Nous avons trop de confiance dans la loyauté de nos concitoyens et le sentiment du devoir qui les anime, pour douter un instant de leur concours et de leurs efforts afin d'empêcher, à l'avenir, le renouvellement d'un pareil acte. »

Certes rien n'était plus sensé qu'un tel langage. Cependant le *Bulletin officiel* de Tours ne crut pouvoir le flétrir trop énergiquement. « Il importe » dès à présent, » dit-il, « de *signaler à la réprobation publique* le nom des » hommes qui se sont faits, en de pareils termes, les auxiliaires et les porte- » paroles de la police des ennemis de la France. — Voici les signatures » dont est revêtu cet acte de complaisance anti-patriotique... » (suivent les noms de tous les signataires.) — Ainsi, aux yeux de l'organe officiel du gouvernement de Tours, ce n'est pas l'auteur de la tentative d'assassinat sur un soldat isolé qu'il faut blâmer, ce sont les Français qui y voient un acte condamnable, et de nature à justifier des représailles.

Faut-il s'étonner après cela de ce que l'opinion publique se soit égarée en France au point d'applaudir à des actes de résistance qui, tout en n'ayant aucune influence sur le résultat définitif de la guerre, devaient avoir pour résultat de rendre les vainqueurs plus sévères, plus défiants, et d'empirer la condition des pays occupés? Tantôt c'est un journal qui encourage les francs-tireurs à piller, dans les caisses municipales des départements envahis, l'argent rassemblé à grand' peine pour satisfaire aux réquisitions allemandes[1]. D'autres fois ce sont des francs-tireurs qui, dans une autre localité occupée, viennent menacer les habitants, « s'ils reçoivent les Prussiens et s'ils font du commerce avec eux, de les fusiller et de démolir leurs maisons[2]. » Ailleurs encore c'est un correspondant de Lyon qui raconte la formation d'une compagnie de francs-tireurs, sous le nom des *Enfants perdus du Rhône* et sous la forme d'une société par actions, au capital de 50,000 francs, remboursable partiellement après chaque prise faite sur l'ennemi[3], procédé emprunté aux brigands de la Grèce. Immédiatement après, le même correspondant ajoute qu'il est entré à Besançon trois paysans, montés sur les chevaux de trois officiers prussiens qu'ils avaient tués[4]. « Les chevaux, qui étaient très-beaux, ont été vendus 500 francs chacun. » Cela dit comme chose naturelle[5]. Mais en lâchant ainsi, sous prétexte de patriotisme, la bride aux plus mauvais instincts, pouvait-on s'attendre à ce que les Allemands de leur côté garderaient toujours la juste mesure dans leurs rapports avec les populations envahies?

6. — *Accusations réciproques de violation du droit des gens.* — Nous continuerons l'analyse impartiale, commencée dans notre première étude, -des reproches que les représentants officiels des belligérants se sont mutuellement adressés à ce sujet. Ces reproches sont surtout consignés dans les circulaires de M. de Chaudordy du 29 novembre et du 25 janvier, dans celle de M. Jules Favre du 11 janvier, et dans celles de M. de Bismark du 14 décembre, du 9 janvier et du 17 février. Quant aux dépêches échangées entre les gouvernements de Tours et de Versailles au sujet du traitement

---

(1) *Journal de Cambrai*, cité dans une correspondance adressée au *Nord* du 10 décembre.

(2) *Progrès des Ardennes*, cité par l'*Echo du Parlement*, 24 décembre.

(3) *Indépendance belge* du 20 décembre

(4) Voici encore, dans le même ordre d'idées, ce qu'écrivait le Préfet de la Côte d'Or, dans une circulaire adressée, le 21 novembre, aux sous-préfets et maires de son département : « La patrie ne vous » demande pas de vous réunir en masse et de vous opposer ouvertement à l'ennemi ; elle attend de » vous que chaque matin trois ou quatre hommes résolus partent de leur commune et se postent à » un endroit désigné par la nature elle-même, d'où ils puissent tirer sans danger sur les Prussiens. Ils » ont avant tout à faire feu sur les cavaliers ennemis dont les chevaux doivent être remis au chef-lieu » de l'arrondissement. Je leur décernerai une prime et ferai publier leur action héroïque dans toutes » les feuilles départementales ainsi qu'au *Moniteur officiel.* » Cette citation, que nous empruntons à la circulaire du 9 janvier, de M. de Bismark, n'a point été démentie par M. de Chaudordy, dans sa réponse datée du 25 janvier.

(5) V. encore *Ind. belge* du 10 janvier un article extrait du *Progrès de Fécamp*, où l'on se plaint amèrement de ce que le maire d'une commune de la Seine-Inférieure, département envahi, ait refusé d'accepter comme prisonnier de guerre, un soldat prussien blessé dont quelques citoyens s'étaient emparés.

comme prisonniers de guerre des officiers et matelots des navires de commerce capturés par les Français, nous compléterons au § suivant ce que nous en avons dit dans notre première étude.

M. De Chaudordy a reproché aux Allemands en termes généraux :

1° d'avoir violé la propriété privée, non-seulement par des réquisitions démesurées en nature et en argent, mais par le vol et le pillage.

» Tout ce qui était précieux a été saisi par l'ennemi et entassé dans ses sacs et ses chariots. Des effets d'habillement enlevés dans les maisons ou dérobés chez les marchands, des objets de toute sorte, des pendules, des montres ont été trouvés sur les prisonniers tombés entre nos mains. On s'est fait livrer et l'on a pris au besoin aux particuliers jusqu'à de l'argent. Tel propriétaire, arrêté dans son château, a été condamné à payer une rançon personnelle de 80,000 fr. Tel autre s'est vu dérober les châles, les fourrures, les dentelles, les robes de soie de sa femme. Partout les caves ont été vidées, les vins empaquetés, chargés sur des voitures et emportés. Ailleurs, et pour punir une ville de l'acte d'un citoyen, coupable uniquement de s'être levé contre les envahisseurs, des officiers supérieurs ont ordonné le pillage et l'incendie, abusant pour cette exécution sauvage de l'implacable discipline imposée à leurs troupes. Toute maison où un franc-tireur a été abrité ou nourri a été incendiée. Voilà pour la propriété (1). »

2° De n'avoir pas respecté davantage la vie humaine.

» Alors que la nation entière est appelée aux armes, on a fusillé impitoyablement non-seulement des paysans soulevés contre l'étranger, mais des soldats pourvus de commissions et revêtus d'uniformes légalisés. On a condamné à mort ceux qui tentaient de franchir les lignes prussiennes même pour leurs affaires privées (2). »

3° D'avoir bombardé des villes ouvertes, et d'avoir bombardé sans avertissement préalable. (3)

4° D'avoir rétabli la pratique des otages.

» Pour garantir la sûreté de ses transports et la tranquillité de ses campements, la Prusse a imaginé de punir toute atteinte portée à ses soldats ou à ses convois, par l'emprisonnement, l'exil, ou même la mort d'un des notables du pays.... Elle a emmené quarante otages parmi les habitants notables de

(1) Circulaire de M. de Chaudordy, 29 novembre.
(2) Circul. de M. de Chaudordy, 29 nov.
(3) V. ci-dessus pp. 13 et ss.

Dijon, Gray et Vesoul, sous prétexte que nous ne mettons pas en liberté quarante capitaines de navires faits prisonniers selon les lois de la guerre (1). »

5° D'avoir joint l'outrage à l'oppression.

» On a exigé de malheureux paysans, entraînés par force, retenus sous menace de mort, de travailler à fortifier les ouvrages ennemis et à agir contre les défenseurs de leur propre pays. On a vu des magistrats, dont l'âge aurait inspiré le respect aux cœurs les plus endurcis, exposés sur les machines des chemins de fer à toutes les rigueurs de la mauvaise saison et aux insultes des soldats. Les sanctuaires, les églises ont été profanés et souillés. Les prêtres ont été frappés; les femmes maltraitées, heureuses encore lorsqu'elles n'ont pas eu à subir de plus cruels traitements (2).

M. de Bismark a répondu (3) en protestant en général contre l'exactitude des allégations françaises. « Il est visible, » dit-il, « que cette pièce (la » circulaire de M. de Chaudordy) a été faite pour le public français, et » calculée pour les besoins d'une partie de la presse des autres pays qui » est animée de sentiments hostiles à notre égard. » Il suffit, pour apprécier ces accusations à leur véritable valeur, de se rappeler la composition des deux armées. « L'étranger sait quels éléments dans les armées allemandes se trouvent vis-à-vis des remplaçants, des turcos, des compagnies de discipline; il se rappelle l'histoire des guerres précédentes, et maintes contrées savent, par leur propre expérience, de quelle façon les troupes françaises ont l'habitude de se conduire en pays ennemi. Les représentants de la presse européenne et américaine auxquels nous avons donné volontiers accès auprès de nous, ont observé et attesté combien le soldat allemand sait allier l'humanité avec la bravoure, combien l'on hésite chez nous à exécuter les mesures rigoureuses, mais autorisées par le droit des gens et l'usage de la guerre, que le commandement des armées allemandes se voit obligé de prendre, y étant contraint par la manière dont agissent les Français au mépris du droit des gens et par la nécessité de protéger ses propres troupes contre l'assassinat. »

Nous aurions voulu, nous l'avouons, une réponse plus directe et plus précise. Il est vrai que l'attaque elle-même était conçue en termes trop généraux, sur la plupart des points, pour rendre une enquête possible (4).

(1) Circul. de M. de Chaudordy, 29 nov.
(2) Circul. de M. de Chaudordy, 29 nov.
(3) Circul. du 9 janvier 1871.
(4) Nous croyons toutefois devoir citer ici, sous peine de demeurer incomplet, quelques extraits d'une lettre adressée par M. W. De Voigts-Rhetz à M. Gambetta (voir *Echo du Parlement Belge*, 14 janvier), à propos d'un décret par lequel celui-ci, renouvelant les accusations de son collègue,

Cependant comme, parmi les faits allégués, il y en avait au moins quelques-
uns (otages, paysans fusillés, magistrats mis sur des locomotives etc.),
que le gouvernement allemand avait ostensiblement posés, avec la conviction qu'il demeurait dans son droit, — c'eût été, nous paraît-il, l'occasion
pour lui d'affirmer catégoriquement, dans un document destiné à l'Europe
entière, les règles générales qu'il entendait suivre, d'établir la légitimité de
ces règles, et de s'engager à punir, chez ses propres troupes, les actes
qui n'y seraient pas conformes, à condition que ces actes lui fussent
individuellement dénoncés, avec pièces et témoignages à l'appui.

A la fin de sa circulaire, M. de Bismark, faisant probablement allusion
aux mesures que nous avons critiquées plus haut, s'attache à expliquer
comment les autorités allemandes ont été contraintes d'user du droit de la
guerre « avec une rigueur qu'elles déplorent, et qui n'est ni dans le carac-
» tère ni dans les traditions du peuple allemand. » C'est, dit-il, parce que

invitait les généraux français à dresser des listes des objets volés par les Allemands, et à les lui faire
parvenir, afin d'en faire l'objet d'une enquête. En ce qui concerne d'abord l'allégation de M. de
Chaudordy, qu'on aurait trouvé sur des soldats « *jusqu'à des pendules et des objets d'habillement de
» toute sorte, dérobés chez des particuliers,* » M. De Voigts-Rhetz fait simplement observer, « que le
soldat en campagne est trop chargé de cartouches et d'objets d'équipement indispensables pour
pouvoir y joindre un dépôt d'horlogerie et un magasin de draperie. » Et plus loin : « Ces soldats, »
dit-il, « que l'on veut faire prendre pour des voleurs de grand chemin, détroussant les passants et
pillant des magasins, sont les mêmes qui, après avoir en vain lutté contre l'incendie du château de
Saint-Cloud, allumé par le canon du Mont-Valérien, sauvaient, au péril de leur vie, sous une pluie de
grenades, les objets d'art du château, non pas pour les voler, mais pour les conserver à la France ;
ce sont les mêmes qui, dans des circonstances toutes semblables, et cette fois sur la demande du
directeur de la fabrique de Sèvres, en sauvaient les collections inestimables du pillage des maraudeurs et des projectiles des forts de Paris et les transportaient à Versailles, où elles resteront sous la
protection du prince royal, pour être restituées à qui de droit. Un correspondant du *Daily News*,
dit, dans un rapport daté de Sédan : « J'ai vu conduire hors de la porte, pour être fusillés, trois soldats
» convaincus d'avoir volé du pain. Les Allemands ne plaisantent pas, quand il s'agit de discipline.
» Tout le monde sait, combien est grande la bonhomie des soldats prussiens ; leur bienveillance
» sympathique pour les prisonniers et blessés français m'a souvent profondément touché. » Et le
correspondant du *Daily Telegraph* écrit de Rouen : « J'ai pris les renseignements les plus minu-
» tieux dans tous les quartiers de la ville sur la conduite des troupes prussiennes, et je dois affirmer
» de la manière la plus positive que la population n'était pas seulement agréablement surprise, mais
» même presque contente de son sort. »

» Ce sont encore, » continue M. de Voigts-Rhetz, « des soldats allemands qui, le jour de la reddition
de Metz, demandent à renoncer à leur mince ration de pain pour soulager leurs camarades français
épuisés par les privations du siége et qui, de garde autour des corps de prisonniers français, près de
Laqueneexy, traitent ceux-ci non pas en ennemis, mais en bons et anciens amis, partagent avec eux tout
ce qu'ils ont, leur portent le bois, allument leur feu et établissent leur bivac aussi bien qu'ils le peuvent.
— Un capitaine français, auquel le correspondant fit remarquer cette scène touchante, répondit par ces
belles paroles : « Ne sommes-nous pas tous hommes et frères ? Vos prisonniers ne sont-ils pas bien traités
» aussi par nous ? C'est plutôt droit de soldats que droit des gens, l'effet de l'amour général du prochain
» qui est la base de toute liberté sur la terre. » — Et lorsque les prisonniers quittèrent leurs campements,
nos soldats leur donnaient ce qu'ils avaient de pain, de cigares, d'eau-de-vie, et certes il n'y eut pas

le gouvernement de la défense nationale « excite les passions populaires, » sans essayer d'ailleurs d'en maintenir les effets dans les limites de la » civilisation et du droit des gens,.... *Il a déchaîné des forces qu'il ne peut* » *maîtriser.* »

Mais la principale partie de la circulaire du Chancelier fédéral est consacrée à formuler les griefs que l'Allemagne se croit, de son côté, en droit de faire valoir. Ces griefs sont :

1° D'avoir méconnu le caractère des parlementaires. M. De Bismarck donne en annexe un tableau précisant par lieu, date et nom du parlementaire, 21 cas dans lesquels les Français auraient tiré, dans des circonstances exclusives de toute méprise ou accident, sur des parlementaires porteurs d'un drapeau blanc et accompagnés d'un trompette qui sonnait de son instrument.

2° D'avoir violé la convention de Genève, soit en méconnaissant chez

besoin du discours qu'un colonel prussien tenait aux hommes de l'escorte, en leur recommandant de ne pas oublier le respect dû à l'infortune des prisonniers.

» Tous les correspondants étrangers, au reste, rendent hommage aux sentiments qu'ils ont eu l'occasion d'apprécier dans les soldats de notre armée. M. Russell, correspondant du *Times*, dit entre autres en parlant de la discipline de nos troupes : « Quand je dis que Versailles avec une garnison de » 6,000 Prussiens est plus tranquille à 9 heures du soir que Portsmouth à 10, je ne donne qu'une faible » idée de l'ordre et de la conduite parfaite de ces troupes ; je puis donner ma parole d'honneur que, » depuis mon séjour à Versailles, je n'y ai pas rencontré un seul soldat en état d'ivresse ; il est dur » d'être obligé de reconnaître les vertus du vainqueur, mais si on le demandait aux habitants de » Versailles, ils seraient forcés de convenir que les Allemands se conduisent mieux que leurs propres » troupes. »

» Un autre correspondant, cette fois-ci un Américain et républicain bien sincère, M. O'Sullivan, après avoir passé huit jours au milieu des troupes prussiennes, ne tarit pas d'éloges à leur égard dans un article inséré dans l'*Electeur libre*.

» Mais assez de ces citations dont on pourrait remplir un volume, et qui sont autant de témoignages éclatants en faveur de la moralité et de la conduite irréprochable de nos troupes. Les réquisitions militaires et d'autres nécessités qui sont la triste loi et un des fléaux les plus regrettables de la guerre n'excluent pas le respect du soldat pour la propriété privée. Quand on entend que des maisons, rappelant des noms illustres, comme celles de Gounod et de Meissonnier, sont religieusement respectées par nos soldats, on ne peut pas ne pas être frappé par le contraste que forment avec ce fait la dévastation et le pillage de la maison de campagne du maréchal Vaillant, si riche de trésors de l'art et du luxe, par des bandes de maraudeurs de Paris, le pillage et la destruction de propriétés privées qui auraient été commis, selon « le *Français* » par des bataillons de la garde nationale mobile, des collections de gravures rares qui auraient servi dans cette occasion à entretenir le feu, et la vente des objets provenant du pillage qui aurait été faite, selon la même feuille, près la place Maubert, les clôtures de propriétés privées, les bancs des Champs-Elysées brisés par des bandes du peuple souverain, etc.

» Au reste, monsieur, si tous ces témoignages d'ordre, de discipline et de moralité qui plaident la cause de nos troupes n'étaient pas suffisants pour réduire l'effet de votre décret à sa véritable valeur, vos bulletins de victoires qui, mis à côté des évènements de la guerre actuelle, ne forment pas la collection la moins curieuse de ce temps-ci, sont là pour prouver que vos déclarations officielles ne peuvent être admises que sous toute réserve. »

d'autres l'insigne prescrit, soit en s'en prévalant induement pour eux-mêmes. En annexe de la circulaire sont précisés 31 cas d'hostilités dirigées contre des médecins, des chirurgiens ou leurs aides. La circulaire même cite le témoignage d'un médecin suisse, pour prouver qu'un médecin français a, de son propre aveu, tué nombre de prisonniers prussiens, et que des francs-tireurs ont, dans les mouvements de retraite, tiré de leur poche le brassard de Genève;

3° De s'être servis de balles explosibles [1];

4° D'avoir, dans la guerre maritime, brûlé ou coulé à fond des navires de commerce allemands capturés, au lieu de les conduire à un port de France pour y entendre la sentence du tribunal des prises [2];

5° D'avoir, en plus d'un cas, traité les prisonniers, même malades ou blessés, avec une dureté inhumaine. La circulaire cite des exemples.

6° D'avoir traité comme des prisonniers, ou plutôt comme des mal-faiteurs, les équipages des navires de commerce allemands [3];

7° D'avoir employé des troupes africaines non-civilisées [4];

8° D'avoir recommandé et célébré comme héroïque l'assassinat commis sur les soldats étrangers par des personnes non militaires [5];

9° D'avoir encouragé les officiers, prisonniers sur parole, à s'échapper au mépris de leur honneur engagé [6]. Déjà la circulaire du 14 décembre avait été consacrée tout entière à cet objet. En y revenant, le 9 janvier, M. De Bismark cite un décret du ministre de la guerre, en date du 13 novembre, lequel « — *désirant encourager les officiers à s'échapper* » *des mains de l'ennemi,* — promet à tout officier qui s'évadera d'Alle-» magne une gratification de 750 francs, sans préjudice des indemnités » pour pertes éprouvées, — lesquelles sont assurées par des dispositions » antérieures. »

Disons dès-à-présent que la dernière circulaire du chancelier impé-rial sur cette matière (17 février) cite encore cinq nouveaux cas d'emploi de balles explosibles, et 7 nouvelles violations de la convention de Genève.

Il nous reste à voir la réponse que M. de Chaudordy a opposée de son côté aux accusations des autorités allemandes. Nous la trouvons dans sa circulaire du 25 janvier.

1) V. *La guerre actuelle*, etc., p. 20 et ci-dessus p. 13.

(2) V. ci-après pp. 56 et ss.

(3) V. *La guerre actuelle*, etc., p. 50 et ci-après p. 58.

(4) V. *La guerre actuelle*, etc., p. 20 et ci-dessus p. 23.

(5) V. ci-dessus pp. 35 et 36.

(6) V. ci-après p. 59.

1° Pour repousser l'accusation de tirer sur les parlementaires, le diplomate français invoque la circulaire de M. J. Favre en date du 12 janvier, où il est dit: « Le gouverneur de Paris s'est empressé d'ordonner une enquête sur le fait relevé par M. le comte de Bismark, et en le lui annonçant il a porté à sa connaissance des faits de même nature, beaucoup plus nombreux, imputables à des sentinelles prussiennes.... [1] »

2° En ce qui concerne la convention de Genève, il est dit que non-seulement la Prusse enfreint la convention dans ses articles les plus essentiels, mais qu'elle s'est fait une arme de la Croix Rouge, dont plusieurs fois elle a couvert ses convois de munitions. Plusieurs fois aussi des chirurgiens français ont été tués, même au milieu des ambulances.

3° Nous avons vu déjà [2] la réponse comme l'attaque, en ce qui concerne les balles explosibles.

4° et 6° Sur les questions maritimes, M. de Chaudordy se réfère à l'échange de dépêches spéciales dont nous parlerons au § suivant.

5° Il nie le défaut de soins pour les prisonniers et cite à l'appui de sa dénégation le témoignage d'un médecin américain, M. Pratt, qui a visité les prisonniers allemands en France, et a été chargé par eux de lettres pour les quartiers-généraux du Roi et du prince Frédéric-Charles, constatant l'humanité avec laquelle ils sont traités.

7° Il défend les « Tirailleurs Algériens. » Il n'a été prouvé à leur charge aucun procédé barbare, tels que ceux dont les Prussiens se sont rendus coupables envers les habitants inoffensifs.

8° « La circulaire d'un préfet [3] invitant ses citoyens à se défendre contre un ennemi qui ne respecte ni la vie, ni la propriété, ni l'honneur d'habitants inoffensifs nous est, » dit M. de Chaudordy, « imputée à crime. Nous nous bornerons à rappeler les décrets par lesquels le Roi de Prusse convoquait la landsturm, et ordonnait à tout son peuple de suivre la même ligne de conduite [4]. »

9° Enfin M. de Chaudordy soutient que le gouvernement français a

(1) Parmi les faits auxquels il est fait ici allusion, figure probablement celui qui a été signalé le 5 décembre 1870, dans une lettre adressée au ministre français des affaires étrangères par Mgr. Bauer, aumônier des ambulances de la Presse parisienne. Le Prélat se plaint de ce que le 2 décembre, entre dix et onze heures du soir, au moment où il se présentait comme parlementaire aux avant-postes, en avant de Champigny, il ait été accueilli, ainsi que son escorte, par une « vive fusillade, » qui heureusement ne paraît avoir atteint personne.

(2) V. ci-dessus p. 13.

(3) Il s'agit de la circulaire du préfet de la Côte d'Or, citée ci-dessus p. 26, en note.

(4) N'ayant pas sous les yeux le texte original de la dernière circulaire de M. de Chaudordy, nous la citons d'après la traduction qui a paru dans le *Times* du 28 janvier.

accordé, non des primes aux officiers captifs sur parole qui réussiraient à s'échapper, mais un paiement supplémentaire à ceux qui, sans violer leur parole, parviendraient à regagner le territoire de leur pays.

7. — *Moyens employés ou à employer pour assurer l'observation de la convention de Genève.* — Au moment où la guerre devint certaine, les articles additionnels à la convention du 22 août 1864, arrêtés le 20 octobre 1868, par les délégués des États contractants de nouveau réunis à Genève, n'avaient pas encore été ratifiés par tous ces États. Mais, grâce à l'initiative du Conseil fédéral suisse, cette omission fut promptement réparée. Tous les belligérants s'empressèrent d'adopter les articles additionnels comme obligatoires, au moins à titre de *modus vivendi* pendant la durée de la guerre, et ils déclarèrent qu'ils avaient donné des ordres dans ce sens aux chefs de leurs armées de terre et de mer [1]. On peut se demander toutefois si les résultats obtenus ont été conformes à ceux que l'on semblait en droit d'attendre. La réponse semble devoir être négative.

Dans la partie complémentaire de son excellent ouvrage sur la convention de Genève, le président du Comité international de secours pour les militaires blessés, M. Gustave Moynier se préoccupait déjà de l'absence, dans la convention, de toute prescription relative au cas où elle serait violée. Toutefois il faisait observer que c'est là une imperfection inhérente à tous les traités internationaux, et il se reposait d'ailleurs sur l'opinion publique du soin de flétrir les coupables. « Au surplus, » ajoutait-il, « les gouvernements ont un moyen bien simple de se disculper par avance : c'est d'inscrire dans leur code pénal militaire ou maritime, des dispositions sévères contre tous ceux qui violeraient la convention, contre ceux qui abuseraient des priviléges des neutres, contre les chefs qui, sans motif avouable, s'écarteraient de leurs restrictions, ou contre les hommes qui se laisseraient entraîner par leurs mauvais penchants [2] »

L'expérience, résultant des récriminations échangées pendant la guerre, a prouvé combien une pareille recommandation était utile. En effet ces récriminations ont été empreintes d'un caractère d'aigreur et de généralité qu'elles n'auraient plus, si chaque état prenait d'avance l'engagement de faire instruire régulièrement, juger et punir par ses propres tribunaux les infractions qui lui seraient dénoncées. Il y aurait toujours, à la vérité, quelque

---

(1) *Rapport du Conseil fédéral sur la neutralité Suisse*, 1 Décembre 1870.

(2) *Etude sur la convention de Genève pour l'amélioration du sort des militaires blessés dans les armées en campagne, par* GUSTAVE MOYNIER. Paris, Cherbuliez, 1870. P. 505. — V. le compte-rendu de cet ouvrage, par M. J. HORNUNG, *Revue de droit international*, T. II (1870), pp. 515-519.

chose d'imparfait et de suspect dans les jugements émanés de tribunaux appartenants à l'une des parties. Mais il en est de même des cours des prises maritimes, et qui sait si, à la longue, les inconvénients, auxquels il faut s'attendre, ne conduiraient pas à la constitution sinon d'un tribunal, du moins d'une commission permanente d'enquête internationale? On commencerait par lui confier la connaissance des infractions à la convention de Genève, et rien n'empêcherait, si l'essai était satisfaisant, d'y ajouter la connaissance d'autres infractions au droit international positif, par exemple à la convention de St-Pétersbourg, au respect des parlementaires, etc. etc.

Parmi les causes de ces infractions pendant la dernière guerre, il faut certainement signaler, à côté de certains cas où *l'erreur matérielle* était possible, d'autres où la méconnaissance des signes et des drapeaux distinctifs doit avoir été uniquement due au *défaut d'instruction des soldats*. Telle est du moins l'interprétation la plus bienveillante que l'on puisse donner à plusieurs faits, résultant des enquêtes publiées par le gouvernement allemand, en annexe aux circulaires de M. de Bismark. Ainsi des médecins et des employés du corps sanitaire sont venus déposer que, au moment où, munis du brassard blanc à croix rouge, ils étaient occupés sur le champ de bataille à panser des blessés, — des soldats et des officiers s'approchèrent d'eux, tirèrent sur eux, puis les firent prisonniers, malgré leurs protestations. Ainsi encore, d'après les dépositions d'officiers de santé, il est arrivé que l'artillerie française a bombardé des voitures ou des ambulances, munies des drapeaux et des lanternes rouges réglementaires; que des ambulances entières ont été emmenées prisonnières, etc., etc. (1) D'autre part, nous avons vu que le gouvernement français formule, bien qu'avec moins de précision, des reproches analogues.

D'après M. Moynier, les sociétés de secours des divers pays, assemblées à Paris en 1867, avaient demandé qu'on insérât dans la Convention de Genève un article complémentaire ainsi conçu : « Les hautes Puissances contractantes s'engagent à introduire dans leurs règlements militaires les modifications devenues indispensables par suite de leur adhésion à la Convention. Elles en ordonneront l'explication aux troupes de terre et de mer en temps de paix, et la mise à l'ordre du jour en temps de guerre. » Mal-

---

(1) V. une publication intitulée : *les violations de la convention de Genève par les Français en 1870-1871. — Dépêches, protocoles, rapports, etc.* — Berlin, Duncker, 1871. Bien que cette publication ait sur la brochure française, dont nous parlons ci-dessus p. 6, l'avantage de se composer uniquement d'actes authentiques, circulaires, procès-verbaux d'enquêtes, etc., elle a de commun avec elle le défaut de ne publier que les pièces d'une seule des parties.

gré cela, la conférence diplomatique de 1868, écarta, dans toute sa généralité, l'idée de « prendre des mesures pour inculquer aux troupes les principes de la Convention. » M. Moynier en donne pour motif que l'on craignit de faire preuve de méfiance réciproque [1]. Réserve exagérée, à notre sens, car elle ne tend à rien moins qu'à faire écarter d'avance, dans toute convention internationale, l'énoncé des mesures destinées à en assurer l'exécution. On arrive ainsi, par excès de scrupule, à justifier la négligence ou le mauvais vouloir de la partie la moins scrupuleuse.

Il est indispensable, pensons-nous, que la convention de Genève subisse bientôt une nouvelle révision, destinée à remédier, d'une manière pratique, aux abus que l'on pourrait classer comme suit :

1° Méconnaissance de la qualité des personnes ou des choses neutralisées en vertu de la convention ;

2° Usurpation de cette même qualité ;

5° Négligence ou violation, par les personnes neutralisées, des devoirs positifs ou négatifs que leur impose leur qualité de neutres.

A part le sentiment de l'honneur, qui sera toujours la première des garanties en cette matière, mais dont aucun texte de loi ne peut malheureusement assurer l'existence, il faudra nécessairement chercher à prévenir le premier de ces abus, en faisant à chaque État un devoir positif de donner à ses soldats l'instruction nécessaire, et subsidiairement en stipulant des moyens de répression pénale. Pour remédier au second, il faudra peut-être employer, outre la répression pénale, certaines précautions matérielles qui rendraient la fraude plus difficile : par exemple, un signe moins aisé à ôter et à remettre que le simple brassard blanc à croix rouge. Il faudrait aussi des dispositions pénales spéciales pour prévenir le troisième genre d'abus [2]. Mais cela ne suffirait pas. Il faudrait avant tout que le personnel admis à participer au bénéfice de la neutralité donnât, par sa composition, par son instruction et sa moralité, toutes les garanties désirables. Il y aurait sous ce rapport toute une étude à faire pour concilier, avec ces

---

(1) Moynier, op. c., pp. 290-292.

(2) Les articles additionnels au Code pénal maritime italien, proposés le 2 décembre 1868 au Parlement italien par le Dr Palasciano, ne contiennent rien à cet égard. Au contraire, le projet de convention pénale internationale, émané du major Brodrück, de Darmstadt, contient un article 5 ainsi conçu, et qui rentre parfaitement dans nos idées : « Tout médecin militaire et toute personne, appartenant au service sanitaire ou adjoint à ce service, et muni de l'insigne international, qui aura, hors le cas évident de légitime défense, pris part à un combat ou à un engagement, ou commis quelque autre acte d'hostilité, sera puni de la réclusion, et, s'il y a lieu, de l'exclusion du service ou de la dégradation. » V. Moynier, p. 509.

exigences, les éléments précieux que nous offrent les sociétés de secours organisées dans les pays neutres. Nous sommes certain de ne rien dire qui ne soit approuvé, au fond du cœur, par l'élite des membres de ces sociétés, en signalant ici la légèreté avec laquelle certains de leurs associés ont notoirement accepté et rempli leur pieux mandat. Il en est résulté de graves atteintes au respect et à la confiance, qui devraient entourer la Convention de Genève et ceux qui l'exécutent. A côté des plus admirables et des plus modestes dévouements d'hommes et de femmes, médecins et infirmiers, volontaires de la charité, accourus de tous les points du globe pour partager les misères de la guerre sans en subir les entrainements, — on a vu le symbole protecteur de la croix abriter le désœuvrement, la soif malsaine de spectacles cruels, le désir de se recommander à l'attention ou à la faveur en faisant plus de bruit que de besogne. De là, d'un côté, certaine défiance de la part des autorités militaires et du public ; de l'autre, un emploi souvent peu judicieux des ressources considérables provenant des souscriptions recueillies en pays neutres. Il importerait de dissiper ce nuage. Peut-être y arriverait-on en donnant aux sociétés de secours une organisation unitaire, ou tout au moins en les unissant en une fédération, dont les statuts seraient reconnus par voie de convention internationale, et dont les membres ne seraient admis que moyennant de prendre certains engagements, et de remplir certaines conditions d'aptitude, d'instruction et de moralité. Une réforme de ce genre aurait encore l'avantage de répondre aux objections qui ont fait écarter par la diplomatie, en 1868, l'article spécial proposé en 1867 par la Conférence de Paris, article en vertu duquel les membres des sociétés de secours, de même que leur personnel auxiliaire et leur matériel, jouiraient de plein droit du bénéfice de la neutralité. Aujourd'hui ils doivent se contenter de n'en pas être catégoriquement exclus [1].

En attendant, l'Ordonnance Royale prussienne, dont nous allons donner le texte, fera voir les moyens assez discrétionnaires auxquels il a fallu recourir dans l'armée allemande pour régulariser le port du brassard et pour en empêcher l'abus :

« La croix rouge de la Convention ne peut être portée par personne ailleurs que sur la manche (ainsi par exemple elle ne peut l'être sur la casquette). Le brassard à croix rouge, même quand il est estampillé [2], ne donne

(1) Moynier, op. c., pp. 154-157.
(2) Sur cette marque spéciale ou estampille v. Moynier, pp. 254-258.

pas droit à la libre circulation dans les parties du territoire occupées par l'armée. Partout où il paraît désirable de ne pas permettre la libre circulation du public, spécialement aux avant-postes, aux routes d'étape, chemins de fer, etc., les autorités militaires compétentes, ainsi que les gendarmes, ont donc, pour empêcher la communication entre les territoires occupés par nos troupes et l'ennemi, et pour dégager les routes d'étapes de tous transports inutiles, à se faire présenter et à examiner la légitimation des personnes pourvues de la croix rouge. La légitimation nécessaire au port de la bande à croix rouge, et la légitimation comme organe du service médical volontaire ne peut être accordée dans les armées allemandes par personne autre que par : 1) le commissaire royal et inspecteur militaire du service médical de l'armée en campagne, prince de Pletz; 2) le commissaire militaire royal de Bavière, comte Castell; 3) la société de secours Wurtembergeoise.

» Toutefois, les personnes, même pourvues de leur légitimation, n'auront droit au transport par chemin de fer ou par voitures que si elles ont une autorisation écrite spéciale d'une des personnes désignées ci-dessus, ou d'un délégué provincial ou départemental (*Landes-oder Bezirks Delegirte*) du service médical volontaire. Au cas où les autorités de l'étape conserveraient quelque doute sous ce dernier rapport, les délégués du service médical volontaire stationnés aux lieux d'étape seraient compétents pour le trancher.

» Les autorités militaires feront une attention spéciale aux porteurs de la croix rouge qui n'auront pas la qualité de sujets allemands. Les personnes de cette catégorie, qui voyagent sans légitimation délivrée par les autorités indiquées ci-dessus, doivent être arrêtées comme suspectes. »

§ II. — *Traitement des personnes et des propriétés ennemies.*

A. — *Règles suivies dans la guerre continentale* (1). — Nous avons à compléter sur ce point notre première étude en parlant des réquisitions et contributions de guerre, de l'exploitation des forêts domaniales, des otages et des représailles.

a) Réquisitions et contributions de guerre.

« Est-ce que, » nous demande M. Harrison dans sa lettre citée ci-dessus, p. 6, note 5, « il est juste d'étendre le système des *réquisitions* (en faveur duquel il existe à peine quelque autorité européenne récente) jusqu'à donner aux conquérants le droit de convertir à leur service toute la richesse, la liberté et le travail des habitants d'une province occupée, en leur permettant de ravager au loin tout le sol, d'affamer les cultivateurs, de s'em-

---

(1) V. *La guerre actuelle*, etc., pp. 44-47. — Quant à la conduite de chacun des belligérants par rapport aux sujets de l'autre belligérant établis sur son territoire, v. *La guerre actuelle*, etc., pp. 33-36.

parer de toute leur richesse mobilière, et de les forcer à se mettre au service du génie ou du commissariat des armées envahissantes? Mon opinion est que l'envahisseur est tenu à respecter la propriété, la liberté et la neutralité d'une population civile non résistante. Or je crois que tout cela a été systématiquement violé par les Allemands qui, sous le nom de réquisitions, ont introduit le pillage, fait la guerre aux simples particuliers et contraint ceux-ci à faire partie des forces envahissantes. »

La question soulevée ici par notre honorable correspondant se divise en trois branches : le droit des gens reconnaît-il en général à l'armée envahissante le pouvoir de faire des réquisitions? Si ce pouvoir existe, comment doit-il être exercé? Enfin comment l'a-t-il été en fait?

1) — M. Harrison convient, implicitement du moins, que le pouvoir de faire des réquisitions était reconnu par les anciens auteurs. Et en effet il ne faut pas remonter jusqu'à Grotius pour en trouver la preuve. « Au pillage de la campagne et des lieux sans défense, on a substitué, » dit Vattel, « un usage en même temps plus humain et plus avantageux au souverain qui fait la guerre : c'est celui des *contributions*. Quiconque fait une guerre juste, est en droit de faire contribuer le pays ennemi à l'entretien de son armée, à tous les frais de la guerre, etc [1]. » Martens accorde de même à l'envahisseur le droit « d'exiger des contributions de guerre, *soit en argent, soit en nature*, sous peine d'exécution militaire [2]. » Mais voici des autorités plus récentes. Heffter accorde formellement à l'ennemi vainqueur le droit « d'exiger des contributions, *de requérir des prestations en nature ou personnelles*. Au besoin, s'il rencontre de la résistance, il emploiera la force et se mettra en possession des objets requis, sauf l'indemnité à fixer par voie de compensation ou autrement lors de la conclusion de la paix [3] ». « Comme il faut, » dit un auteur français estimé, M. Massé, « qu'une armée subsiste en pays ennemi, et qu'une armée qui envahit ou conquiert ne peut être tenue de payer les frais de la guerre, ou d'en faire l'avance, la loi de la nécessité permet de frapper le territoire occupé de contributions. L'ennemi qui occupe un territoire, et qui en fait ainsi la conquête, au moins momentanée, exerce dans ce pays une sorte de puissance publique qui, jusqu'à un certain point, l'autorise à dicter des lois au pays conquis, et à exiger des habitants tout ce que le souverain aurait pu exiger d'eux. Si l'ennemi peut établir des contributions, soit en argent,

---

(1) VATTEL, *Droit des gens*, L. III, § 165.
(2) MARTENS, *Précis du droit des gens*, § 280.
(3) HEFFTER, *Droit international*, trad. Bergson, § 151.

soit en nature, à plus forte raison peut-il contraindre les marchands ou détenteurs des denrées qui lui sont nécessaires, à les lui vendre moyennant un certain prix déterminé à l'avance; c'est encore là une sorte de contribution [1]. » Un auteur italien, qui certes ne sera pas suspect d'hostilité contre la propriété privée, celui-là même qui se fait de nouveau, dans l'article qui précède celui-ci, l'habile défenseur de la propriété privée sur mer, M. Vidari, croit que : « La même raison en vertu de laquelle un Etat peut prendre les armes pour obtenir justice, lui permet aussi d'imposer des tributs et des contributions, afin de réparer les maux soufferts et les dépenses de la guerre [2]. » Il combat d'ailleurs l'objection que ce serait là une négation du principe de la propriété privée, comme le serait par exemple la confiscation. « C'est, » dit-il, « la conséquence de ce que, par le fait de la guerre, une souveraineté se substitue à l'autre et assume, bien que provisoirement et de fait seulement, l'exercice des droits souverains [3] »

On le voit : il est difficile de dire « que le système des réquisitions ait à peine pour lui quelque autorité européenne récente. » Le contraire serait peut-être plus exact [4]. La véritable différence entre les anciens et les nouveaux auteurs consiste dans la manière dont ils motivent le droit de contribution ou de réquisition, les premiers y voyant un remplacement adouci du droit au pillage, tandis que les autres n'y voient qu'une conséquence malheureuse du droit de la guerre. De là une différence dans la manière dont le droit s'exerce aujourd'hui, et dans celle dont il s'exerçait autrefois. Ceci nous indique d'avance la réponse à notre seconde question.

2) Une fois admis que, le droit au pillage n'existant pas en principe, les réquisitions et contributions ne peuvent être le prix de la renonciation à ce droit, il en résulte que leur but légitime n'est pas d'enrichir le vainqueur, mais seulement de lui procurer, en pays ennemi, les objets indispensables à l'entretien et au transport de ses troupes, tels que logement, vivres, effets d'habillement (spécialement chaussures), voitures et chevaux. Encore ce droit lui-même ne doit-il être exercé qu'avec modération et eu égard aux ressources du pays occupé. Tout au

(1) Massé, *le Droit commercial dans ses rapports avec le droit des gens*, t. I, p. 125.

(2) Vidari, *Del rispetto della proprietà privata fra gli Stati in guerra*. — Pavia, 1867, p. 150.

(3) Id. Ibid. p. 154. Allorchè, écrit-il encore ailleurs, p. 122, *si dice che le proprietà private vanno rispettate, si deve intendere che esse non debbono mai essere lo scopo immediato delle ostilità*

(4) M. Droop, dans le travail que nous avons déjà cité, n'hésite pas à considérer comme « hors de doute (*beyond dispute*) » que le droit de réquisition et de contribution fait partie de la loi internationale existante.

moins au-delà d'une certaine limite que l'usage n'a pas encore exactement déterminée, convient-il que les livraisons ne soient réclamées que contre paiement, soit en argent, soit en bons de réquisition (1).

De ce que la souveraineté de fait de l'occupant se substitue *provisoirement*, dans une certaine mesure, à celle du gouvernement vaincu, il résulte que le droit à certaines prestations personnelles de la part des fonctionnaires civils est la conséquence naturelle de l'occupation : les administrations des communes, des finances, des domaines, des ponts et chaussées ont à continuer leurs fonctions respectives, en ce sens que leur refus de service collectif et systématique pourrait être regardé comme un acte positif d'hostilité, et entraîner un surcroît de sévérité de la part de l'occupant. D'autres prestations personnelles sont la conséquence logique du droit de réquisition. Ainsi le voiturier, qui fournit sa voiture et ses chevaux, a lui-même intérêt à les accompagner. L'habitant, chez lequel on requiert le logement, a intérêt à s'occuper en personne de l'aménagement, du service et des vivres, etc. Mais il va de soi que toute injonction, qui tendrait à *enrôler* les habitants des parties occupées au service de l'armée d'invasion, serait radicalement contraire au droit (2).

Il suit encore de ce qui précède que les *contributions en argent* ne sont légitimes que si elles tendent à substituer le paiement d'une certaine somme à celui des réquisitions, ou à garantir le vainqueur contre le refus de celles-ci, pourvu que ce soit dans la proportion autorisée par les nécessités de la guerre combinées avec les ressources de la contrée occupée (3).

3) — Il nous est impossible d'entrer, plus que nous ne l'avons fait jusqu'ici, dans la discussion de faits spéciaux, imparfaitement établis. Cependant, nous n'hésitons pas à admettre que la dernière guerre a fait subir aux populations envahies les épreuves les plus rudes et les plus imméritées. Les vainqueurs eux-mêmes se sont plus d'une fois sentis émus à la vue de misérables villages, sur lesquels avaient passé successivement tous les fléaux. Mais nous ne croyons pas qu'il y ait une induction légitime à tirer de cet état de choses, pour en rejeter toute l'effroyable

----

(1) Bluntschli, *Das moderne Völkerrecht*, § 655.

(2) Bluntschli, op. c., § 576.

(3) M. Bluntschli, op. c., § 654, s'exprime à ce sujet d'une manière un peu obscure. Au premier abord on serait tenté de croire qu'il repousse d'une manière absolue toute contribution en argent, ce qui serait contraire, non-seulement à la doctrine de la généralité des auteurs, mais, pensons-nous, à l'intérêt des populations occupées, sur qui les contributions en argent ont chance de se répartir *d'une manière plus équitable* que les contributions en nature. D'ailleurs, les développements que M. Bluntschli donne à sa pensée, nous semblent indiquer qu'en réalité nous sommes d'accord avec lui.

responsabilité sur les armées allemandes. On ne saurait surtout argumenter de ce que les guerres de Crimée ou d'Italie n'aient pas donné lieu aux mêmes lamentations ni aux mêmes désastres. La guerre de Crimée était moins une invasion qu'un siége, celle d'Italie était une guerre de délivrance. Dans la première, les assiégeants avaient affaire à une population rare, pauvre et habituée à l'obéissance ; dans la seconde l'armée victorieuse était reçue en libératrice. Au contraire l'habitant des provinces françaises, fier, impatient du joug étranger, animé d'un patriotisme à la fois ombrageux et méprisant, devait, par sa conduite, rendre la modération plus difficile à l'envahisseur. Il est des situations qui s'imposent et celle-ci était, entre toutes, de nature à amener des relations forcément troublées et hostiles. De là la possibilité, ou même la probabilité d'un fond de vérité (sans que nous puissions cependant déterminer lequel) dans ces histoires de contributions ou de réquisitions forcées, suivies d'exécution militaire en cas de mauvais vouloir prouvé ou présumé de la part des populations.

Malgré cela, en dehors de tous les récits douteux, nous possédons, outre les faits cités dans notre première étude, quelques preuves nouvelles que la conduite des Allemands n'a pas eu le caractère souverainement injuste et atroce que lui attribue M. Harrison.

Voici d'abord une proclamation du grand-duc de Mecklembourg, publiée par le *Moniteur officiel du gouvernement général* à Rheims :

« Il est recommandé à toutes les troupes qui se trouvent sous mes ordres ainsi qu'à celles qui traversent la Champagne, de ne contrarier en aucune façon la vendange. Les chariots chargés de vin ou de tonneaux vides ne pourront, dans tout le territoire de la Champagne, être ni enlevés, ni arrêtés. Quiconque pénètrera sans droit dans les vignobles, ou y causera quelque dommage sera puni d'après les lois de la guerre. — Rheims, 19 septembre 1870. Le général commandant le 13ᵐᵉ corps d'armée. Frédéric-François, grand Duc de Mecklembourg. »

Voici maintenant comment un Journal *français*, la *Vigie*, de Dieppe, du 10 Décembre 1870, raconte l'occupation de cette ville par les Allemands :

« Hier, une colonne prussienne est entrée dans la ville de Dieppe.... Les troupes ont été logées chez les habitants et des réquisitions en nature ont été faites dans les magasins et payées par des ordres sur la caisse municipale. Des postes ont été établis partout.... Une partie de l'infanterie a été logée au Château. La cavalerie a été logée, pour la plupart, dans les hôtels ou dans les maisons ayant des écuries. L'état-major s'est installé dans l'Hôtel royal.

» Ce sont les Prussiens eux-mêmes qui ont pris toutes les mesures nécessaires pour le logement des troupes. Les officiers ont marqué sur les portes, et à la craie, le nombre d'hommes et de chevaux que chaque maison devrait loger.

» La colonne prussienne a quitté notre ville ce matin, suivie d'une longue file de voitures, portant des vivres, des munitions et le bagage des soldats.

» A la fabrique de tabac, un officier prussien, après avoir fait garder toutes les issues, à réquisitionné 25,000 cigares à 2 sous. »

Citons encore le fait suivant, que rapporte un autre Journal *français*, le *Progrès de Saône-et-Loire* (1) :

« Les Prussiens avaient exigé de la ville de Dijon une somme de 500,000 fr., pour garantie de la fidèle exécution du traité ; une première somme de 200,000 fr. a été restituée à la ville, sur une pressante réclamation du maire, qui fit un tableau énergique de la misère qui allait assaillir la classe ouvrière. C'est avec cette somme qu'on a commencé les chantiers communaux.

» Enfin le reliquat (500,000 fr.) a été renvoyé par l'administration prussienne mardi matin, au moment où elle quittait la ville, avec une lettre, dit-on, du général de Werder, qui reconnaît et loue hautement le patriotisme que la population dijonnaise n'a cessé de prouver. »

Sans doute nous ne sommes pas autorisé à conclure de ces faits et d'autres semblables, que les Allemands aient *en toute circonstance* agi de même. Mais nous avons au moins le droit de dire : 1° que le contraire ne résulte pas non plus de quelques cas isolés que l'on pourrait alléguer, fussent-ils avérés ; 2° que les exemples cités ici ne sont que l'application des règles générales posées par les autorités allemandes elles-mêmes, suivant les proclamations citées dans notre première étude. — Sans doute encore, ce n'est pas là le dernier mot des progrès à réaliser : il vaudrait mieux que les populations paisibles ne fussent pas atteintes, même indirectement, par les charges de la guerre ; il vaudrait mieux du moins que celles-ci fussent également réparties sur l'ensemble d'un pays. Mais il n'est pas juste non plus de dire que les procédés allemands constituent un recul sur les guerres antérieures de même nature et de même importance. Il faudrait, pour le prétendre, avoir oublié non-seulement les ravages inouïs de Louis XIV dans le Palatinat, mais les procédés de la première République française en Belgique, dans ce pays où elle se présentait en libératrice (2), et ceux du premier Napoléon partout où ses aigles ont passé. On sait trop que celui-ci ne se bornait pas à réquisitionner l'argent et les

(1) Cité par l'*Echo du Parlement Belge*, du 10 Janvier.
(2) V. Borgnet, *Histoire des Belges à la fin du 18mo siècle*, Chap. XVII, XXI et passim.

objets nécessaires à ses soldats, mais qu'il pratiquait en grand le pillage des musées. On se rappellera encore que la guerre de 1814 entre les Etats-Unis et la Grande-Bretagne fut marquée par des scènes de pillage, conduites sous l'autorité de cette dernière, et « qui causèrent les désastres privés les plus sérieux, avec des circonstances justifiant le soupçon que la vengeance et la cupidité, plutôt que le but honorable que devaient avoir les hostilités d'un ennemi magnanime, avaient présidé à leur exécution [1]. » Enfin nous ne sommes pas si loin du temps (1860) où le palais d'été de l'empereur de la Chine était pillé et saccagé complètement par les troupes combinées de la France et de l'Angleterre.

b). — *Exploitation des forêts domaniales.* — Le principe que l'*occupatio bellica* ne constitue pas un titre complet à la propriété ou à la souveraineté du territoire envahi, a pour conséquence nécessaire que le vainqueur ne peut disposer définitivement des biens immeubles qui font partie des domaines de l'Etat ennemi, pas plus que de ceux qui appartiennent à de simples particuliers. Seulement, étant substitué *provisoirement* au souverain dépossédé, il a le droit de disposer à titre provisoire des fruits et des revenus qu'il aura fait saisir [2]. De là le droit de continuer l'exploitation *régulière* des forêts domaniales.

Cependant, en janvier dernier, le bruit se répandit 1° que l'autorité allemande avait fait vendre à l'encan, dans les environs de Nancy, des forêts entières du domaine, 2° qu'elle avait fait faire des coupes abusives et dévastatrices dans les forêts du département des Ardennes françaises. Un journal allemand, *la Gazette de Cologne*, se fit même l'écho de ces assertions. Mais l'administration prussienne opposa à la première un démenti catégorique. Quant à la seconde, elle répliqua « qu'il ne pouvait être question de dévastation de forêts; qu'une partie seulement du taillis désigné par les employés français comme devant être coupé dans le courant de l'hiver a été abattu, et que les vieux chênes marqués comme devant disparaître sont dépouillés de leurs branches avant de tomber, de manière à ne pas nuire dans leur chûte aux arbres plus jeunes qui les entourent. Quant aux arbres au-dessous de 50 ou au moins 40 centimètres de diamètre, on n'en a abattu aucun, par la très-bonne raison qu'il ne s'est pas présenté d'amateurs pour en faire l'acquisition. » Cette explication laisse tout au moins un point dans le doute. Les vieux chênes « marqués comme devant

---

(1) WHEATON, *Eléments du droit international.* — 4° édit. 1865. — T. II, p. 8.
(2) HEFFTER, *Droit international*, Trad. Bergson, § 135.

disparaître [1] » l'ont-ils été par des employés français, ou du moins, si des employés allemands se sont chargés de ce soin, se sont-ils conformés à la règle suivie jusque-là pour les coupes annuelles ? Evidemment, c'est dans le cas seulement où l'une de ces deux conditions a été observée que le procédé des autorités allemandes peut être considéré comme conforme au droit.

c). — *Otages et représailles.* — Nous avons vu ci-dessus (p. 15), que, à la suite de négociations entre la municipalité de St-Quentin et le commandant d'un détachement allemand chargé d'occuper cette ville, deux membres de la municipalité sont restés comme otages entre les mains de l'ennemi, « pour préserver la ville, » disent leurs collègues, « des malheurs qui la menaçaient et de l'entrée de l'ennemi. » Cette pratique paraît avoir été suivie en d'autres circonstances analogues. Voici comment Bluntschli s'exprime à cet égard :

« Il arrive que l'on *donne* des otages pendant la guerre afin d'assurer une prestation convenue, par exemple, le paiement d'une contribution de guerre, la reddition d'une place. Parfois aussi on les *prend* comme garantie de la tranquillité d'une ville ou d'une portion de territoire que l'on occupe. Dans ce cas on s'attache surtout à s'emparer de personnes considérées qui, seules, sont à même, et par leur influence sur la population, et par les égards que celle-ci a pour leurs personnes, de fournir une véritable garantie personnelle. Il n'y a pas de différence essentielle dans la manière de traiter ces otages et les otages de paix (*Friedensgeiseln*). Seulement il y aura à veiller avec plus de soin à ce qu'ils ne s'échappent point [2]. »

On n'a pas démontré que les otages dont nous parlons aient été atteints autrement que dans leur liberté temporaire. Il y a donc, quelque pénible que soit encore ce cas, à le distinguer de celui que nous avons blâmé dans notre première étude, et où des notables ont été mis sur des locomotives se dirigeant vers l'intérieur du pays [3].

---

(1) Nous traduisons d'après le texte anglais cité par la *Pall-Mall Gazette*, 5 février 1871 : « marked to be cut down. »

(2) BLUNTSCHLI, *Das moderne Völkerrecht*, etc., § 600 en *note*.

(3) V. *La guerre actuelle*, etc., p. 32. — M. Harrison nous demande, dans sa lettre citée ci-dessus, p. 6, note 5, « si le droit international justifie l'arrestation de fonctionnaires civils ou de simples particuliers, les outrages faits à leur personne, leur mise à mort dans le but de terroriser un district au point de lui faire abandonner sa propriété à ce pillage organisé, d'arracher sa soumission à l'envahisseur ou pour punir l'expression d'une opinion ? » A cette question ainsi posée nous ne pouvons répondre qu'une chose : c'est que, assurément, le droit international ne justifie point de pareils faits. Mais quand M. Harrison ajoute « qu'il regarde ce système comme celui que les Allemands ont adopté, » nous osons exprimer l'espoir et la confiance qu'il se trompe. Et quand il donne comme exemple à l'appui de sa conviction sur le point de fait, un récit vague publié par un journal quelconque, nous devons formellement contester, pour les motifs exposés au début de cette étude, l'autorité historique, juridique ou morale d'un pareil récit.

La pratique des otages a encore été suivie dans la dernière guerre, à titre de *représailles* pour la capture et l'internement, à Clermont, de quarante capitaines de la marine marchande prussienne. Quarante personnes notables de Dijon, de Gray et de Vesoul furent arrêtées les 2 et 3 décembre et emmenées à Brême, où on les traita comme les officiers prisonniers de guerre, avec cette différence qu'il ne leur fut alloué aucune indemnité. Plusieurs de ces otages, notamment ceux de Vesoul, adressèrent au gouvernement français une vive protestation contre le procédé dont ils étaient l'objet. « Cette mesure, » disaient-ils, « est sans précédents ; elle ne peut s'expliquer que par l'abus de la force et la violation du droit des gens. — Comment, en effet, peut-on admettre qu'on rende responsables d'un fait de guerre des citoyens paisibles, dont quelques-uns sont d'un âge assez avancé ; qu'on les arrache violemment à leurs familles et à leurs affaires, et qu'on les envoie en exil dans un pays lointain, sous un rude climat et dans la plus rigoureuse des saisons, et cela pour un acte qui leur est complétement étranger et dont ils n'auraient dû, en aucun cas, encourir la responsabilité ? — Que devient, en présence de tels faits, le respect qui leur avait été formellement promis des personnes et des intérêts privés ? etc. etc. »

Nous reviendrons plus loin sur la question de savoir si le grief, à raison duquel le gouvernement prussien prétendait exercer des représailles, était fondé. Il va de soi que, s'il ne l'était pas, les représailles étaient injustes. Si au contraire il l'était, il faut convenir, tout en le regrettant, que le genre de représailles, dont il s'agit spécialement ici et qui était déjà connu chez les Grecs sous le nom d'*androlepsie (prise d'homme)*, est encore tenu pour légitime dans le droit des gens actuel. Tous les auteurs en effet sauf, à notre connaissance, Pinheiro-Ferreira, dans ses notes sur Vattel (§ 551, p. 576), conviennent que le droit de représailles peut s'exercer par l'arrestation et l'emprisonnement, non seulement de fonctionnaires, mais de simples particuliers, sujets de l'État ennemi, surtout lorsque le fait sur lequel il est motivé, consiste dans l'arrestation illégale de citoyens appartenants à l'État qui exerce les représailles [1].

B. — *Règles suivies dans la guerre maritime.* — Mentionnons d'abord d'abord deux mesures qui, tout en n'étant susceptibles d'aucune contestation, ne laissent pas que d'être assez remarquables.

---

[1] Grotius, *De J. B. et P.*, L. III, c. II et Von Kirchmann, dans sa trad. de Grotius, Berlin, 1869, L. III, note 29. — Vattel, L. II, § 551. — De Martens, *Précis du droit des gens*, § 259. — Heffter Droit international, § 110. — Bluntschli, *Das Moderne Völkerrecht*, § 500, etc., etc.

La première, qui résulte d'une notification adressée par le gouvernement de la défense nationale aux gouvernements des puissances neutres, est le blocus, par les forces navales françaises, à partir du 13 Décembre, des ports de Rouen, de Dieppe et de Fécamp, avec avertissement qu'il serait successivement étendu à tous les ports français, qui pourraient tomber au pouvoir des forces allemandes. Le 9 janvier, le même gouvernement, voulant sans doute concilier sa sollicitude pour ses sujets avec les moyens de défense contre l'ennemi, leva le blocus en tant qu'il avait trait aux charbons.

La seconde mesure consiste dans la déclaration suivante, que M. De Bismark fit communiquer le 12 janvier par les représentants de l'Allemagne aux puissances neutres :

« Les procédés de la France à l'égard de notre marine marchande nous forcent de rapporter notre déclaration faite au début de la guerre, et par laquelle nous avons renoncé à poursuivre et à capturer des navires de commerce français. Considérant que des propriétés neutres pourraient être chargées sur ces navires, par suite de notre renonciation, nous ne mettrons ladite mesure à exécution qu'à partir d'un délai de quatre semaines. »

Ce sont encore, comme on le remarquera, des espèces de représailles. Heureusement, à l'expiration du délai de quatre semaines, la paix était conclue. L'Allemagne a donc continué, de fait, à respecter la propriété privée sur mer pendant toute la durée des hostilités. Espérons que ce précédent portera ses fruits.

Occupons-nous maintenant de deux points, qui ont donné lieu à contestation.

a) — *Traitement des vaisseaux de commerce capturés.* — En général, les navires de guerre français, après avoir capturé des vaisseaux de commerce allemands, paraissent avoir suivi l'usage de les conduire à un port de France pour faire rendre à leur égard une sentence par le tribunal des prises. Cependant il y a eu des exceptions à cette règle, et M. de Bismark se plaint, dans sa circulaire du 9 janvier 1870, de ce que le vapeur *Desaix* se soit cru en droit de détruire en pleine mer les vaisseaux de commerce : *Ludwig*, *Vorwärts* et *Charlotte*, qu'il avait capturés. Il signale ce procédé comme formellement contraire au droit des gens.

Cette question a été déjà controversée à propos de la dernière guerre civile américaine, dans laquelle les corsaires du Sud, ne pouvant conduire leurs prises, soit dans leurs propres ports qui étaient bloqués, soit dans ceux des puissances neutres, qui ne les admettaient pas, ont pris le parti de les brûler en pleine mer. « C'est là, » dit M. Montague Bernard (1), « une manière certainement destructive de faire la guerre... Mais elle n'est prohibée par aucune loi ou usage international, et il n'est pas rare que des capteurs y aient eu recours soit par crainte de s'affaiblir en détachant une partie de leur équipage pour conduire leurs prises au port, soit parceque, pour toute autre raison, ils étaient embarrassés de leurs prises. Heureusement le capteur n'a, dans la majorité des cas, besoin que de son propre intérêt pour le détourner de ce procédé. Cependant, en règle générale, il ne doit compte qu'à son gouvernement de la manière dont il dispose de ses prises. Il est aussi libre de les détruire (si ses instructions le comportent) que de les envoyer dans sa patrie pour y être vendues. » Cette doctrine est conforme à celle du Chancelier Kent et de Sir Travers Twiss. Ce dernier cite dans le même sens une décision de lord Stowell (2).

Quelque respectables que soient ces autorités, nous ne pouvons admettre comme décisif l'argument tiré de la responsabilité du capteur envers son gouvernement seul. Tout ce qui en résulte en effet, c'est non pas une *suppression*, mais un *déplacement* de responsabilité *internationale*, celle-ci se transportant du capteur au gouvernement sous l'autorité duquel il a agi. L'argument invoqué ne touche donc pas au fond de la question, qui reste entière. Il s'agit de savoir si, au moment où le capteur a détruit sa prise, lui-même ou le gouvernement au nom duquel il agissait, avait sur elle un droit assez étendu pour légitimer cet acte suprême de *disposition*. Or les auteurs les plus récents enseignent que, pour assurer la propriété de la prise dans le chef du capteur ou de l'Etat qu'il représente, il ne suffit plus, comme le soutenaient Voet et Bynkershoek, du fait de la *deditio ;* ni, comme le voulaient Grotius et d'autres, de la possession de vingt-quatre heures, ou du transport de la prise *infrà præsidia.* « Ce qu'il faut aujourd'hui, » dit Phillimore (3), « pour opérer le transfert de propriété, c'est qu'un tribunal régulièrement constitué conformément aux lois et à l'usage des nations se soit enquis des circonstances de la capture, et que la cour compétente ait prononcé une sentence régulière de condamnation. » Mais si le titre définitif de propriété ne date que de ce dernier moment, il s'en suit que jusque-là il n'est que précaire. C'est la cour des prises,

---

(1) *The neutrality of Great Britain during the American civil war,* by MONTAGUE BERNARD. — London, Longmans, 1870. — P. 419. V. notre examen critique du livre de M. Bernard, *Revue de droit international et de législation comparée,* 1re livr. 1871, pp. 115-159.

(2) KENT's *Commentaries,* Ed. ABDY, p. 276. — TWISS. on *the Law of Nations.* vol. II, p. 406.

(3) PHILLIMORE's *International Law,* III, 461.

nationale par son organisation, mais internationale par ses fonctions, qui décerne ce titre. Dès lors, tout acte de disposition posé avant ce temps est illégitime en principe, et ne peut s'excuser qu'à raison de la plus impérieuse nécessité. On peut donc conclure avec Bluntschli que, posée en thèse générale, la destruction de navires capturés est contraire au droit des gens (1).

Quant au fait particulier cité par M. de Bismark, il nous est impossible, n'en connaissant pas les circonstances, d'apprécier s'il rentre dans l'exception d'impérieuse nécessité (*aüsserste Noth*). Dans tous les cas, puisque ce fait lui-même ne semble avoir été qu'une dérogation à la manière d'agir habituelle des Français, on peut trouver que les récriminations du chancelier fédéral sur ce point ont revêtu un caractère trop absolu.

b). — Les capitaines des vaisseaux de commerce capturés peuvent-ils être considérés comme prisonniers de guerre? — Comme nous l'avons dit dans notre première étude (2), il nous paraît démontré par la circulaire de M. de Chaudordy, du 28 octobre, que l'affirmative, adoptée par le gouvernement français, est conforme aux anciennes ordonnances et à l'usage suivi jusqu'en 1859. Aussi le chancelier fédéral, dans sa réponse du 16 novembre, ne conteste-t-il pas cette proposition. Seulement il soutient que l'ancien usage étant fondé, comme le dit M. de Chaudordy, « sur ce que la marine marchande devait être considérée comme un moyen de puissance maritime *dans son personnel aussi bien que dans son matériel,* » a perdu toute raison d'être et par conséquent toute valeur légale, depuis que la France, l'Allemagne et la plupart des autres pays maritimes ont renoncé à l'usage de la course. « Aujourd'hui, en effet, la marine de commerce de ces pays n'est plus qu'un instrument de rapports pacifiques. Et si la France a dédaigné, dans cette guerre, d'imiter l'exemple de l'Allemagne et de respecter la propriété privée sur mer, au moins aurait-on dû s'attendre à ce qu'on respectât la personne de paisibles citoyens qui, en aucun sens, ne peuvent être considérés comme faisant partie de la force armée. » Rencontrant enfin l'argument de M. de Chaudordy : que tout au moins ces personnes doivent être considérées comme *pouvant éventuellement* faire partie de la force armée, « et que cela est vrai surtout de l'Allemagne du Nord, dont les lois militaires font de tout homme valide une recrue pour les armées de terre et de mer, aussitôt qu'il a rejoint le territoire de la Confédération, » — M. de Bismark montre que cet argument tournerait

<hr>

(1) BLUNTSCHLI, *Das moderne Völkerrecht,* § 672, en note.
(2) V *La guerre actuelle,* etc., p. 50.

surtout contre la France qui, dans la dernière guerre, a considéré tout homme valide non-seulement comme pouvant être appelé, mais encore comme formellement appelé à porter les armes au service de la République. Car il en résulterait que logiquement l'Allemagne aurait le droit de traiter comme prisonniers de guerre toute la population mâle de la France, dont elle parviendrait à s'emparer.

Tout cela est parfaitement raisonnable et de nature à motiver une protestation énergique, qui aboutira nécessairement, sous la pression de l'opinion, à faire abandonner de commun accord l'usage incriminé. Néanmoins il nous reste quelque doute sur le point de savoir si le gouvernement allemand était en droit d'exiger l'abandon de cet usage, même par la voie rigoureuse des représailles (v. ci-dessus pp. 55-55), alors que jusqu'à présent il n'en avait été question, à notre connaissance du moins, ni dans un auteur, ni dans une convention internationale. En d'autres termes, y a-t-il pour un État obligation *parfaite* de renoncer à un usage existant, lorsque la suppression de cet usage devrait être la conséquence logique, mais indirecte, de certain principe nouvellement adopté dans le droit des gens? Ou bien n'est-ce là qu'une obligation de nature *morale* et de la compétence du for intérieur? Malgré nos sympathies pour tout ce qui touche à la liberté des personnes et des propriétés, nous penchons vers la dernière alternative. La première tend en effet à remplacer la certitude de la coutume, qui est une des sources du droit international, par le résultat incertain d'une polémique engagée sur la raison d'être et les motifs de cette coutume.

c) — *Traitement des prisonniers.* — *Mesures exceptionnelles contre les évasions d'officiers prisonniers sur parole.* — En ce qui concerne le traitement des prisonniers, nous avons peu de chose à ajouter à ce que nous avons dit dans notre première étude. Malgré quelques réclamations dues, soit à des rapports exagérés de part et d'autres, soit à des abus isolés, les deux gouvernements en guerre paraissent s'être montrés également soucieux de satisfaire sur ce point aux règles de l'humanité. Nouvelle preuve que, au milieu de ces misères, la conscience publique est encore en général demeurée plus forte que l'ivresse du triomphe ou que la rage de la défaite. C'est ainsi que quatre officiers allemands, prisonniers à Paris pendant le siège, ayant été dans un restaurant l'objet « d'insultes graves » de la part du public, le général Trochu, gouverneur de Paris, s'empressa d'écrire, le 8 décembre, au général Schmitz, son chef d'état-major, pour témoigner «sa douleur» de ce procédé. « Ces officiers, » dit-ils, «prisonniers sur parole comme le sont les nôtres en Prusse, se trouvent à Paris sous la sauvegarde de l'honneur national. Envoyez-les moi immédiatement, je stipulerai leur échange contre un pareil nombre d'officiers français du même grade [1].

Malheureusement un certain nombre d'officiers français, prisonniers sur parole, ne semblent pas avoir compris les devoirs qui leur incombaient, en échange de la liberté qui leur était laissée. Obéissant soit à un patriotisme mal inspiré, soit à une vague impatience du repos, ils se sont évadés et ont essayé ensuite de satisfaire leur propre conscience à l'aide de raisonnements plus spécieux que solides. Dans sa note du 14 décembre 1870, spécialement consacrée à cet objet, M. de Bismark nomme jusqu'à trois généraux comme étant dans ce cas. Il n'entre point dans la nature de notre travail d'examiner jusqu'à quel point cette accusation personnelle est fondée, non plus que d'entrer dans les détails d'aucun autre fait de ce genre. Nous n'avons pas davantage à rechercher quels peuvent avoir été les encouragements, directs ou indirects, donnés à cette conduite par le gouvernement français. Tout ce qu'il importe de constater, c'est que la fréquence des évasions a dû naturellement amener le gouvernement allemand à déployer plus de sévérité dans la surveillance de ses prisonniers. Ainsi ces rapports de confiance et d'estime, naturels à des hommes qui, pour avoir combattu vaillamment dans des camps opposés, ne peuvent ni se mépriser ni se haïr, ces rapports, fondés sur le sentiment général de l'honneur, ont, sinon cessé, du moins souffert une grave atteinte. Parmi les ordres rigoureux qui en ont été la conséquence, citons celui du général Vogel von Falckenstein, en vertu duquel, « chaque fois qu'un prisonnier français s'évaderait, dix de ses collègues habitant avec lui seraient choisis au sort pour être enfermés et étroitement surveillés dans une forteresse, jusqu'à ce que le prisonnier soit ramené. Celui-ci sera alors privé de tous les droits et priviléges accordés à l'officier prisonnier [2]. »

§ III. — *Rapports entre le gouvernement fédéral allemand et le gouvernement de fait établi en France depuis la chute de l'empire.*

Nous ne reviendrons sur ce que nous avons dit ailleurs à ce sujet [3] que

(1) *Journal officiel* du 9 décembre. — On est étonné de voir, à ce propos, que le général Schmitz soit obligé d'expliquer à la population de Paris, dans une note insérée au même numéro du *Journal officiel*, comment il se fait que des officiers prisonniers sur parole puissent circuler librement dans les rues et restaurants de la ville. « C'est, » dit-il, « la loi de la guerre. D'ailleurs, il y avait un intérêt réel, à ce que ces officiers puissent constater par eux-mêmes la fausseté des nouvelles qui sont en circulation incessante dans l'armée prussienne, tant sous le rapport des approvisionnements que sous celui de l'esprit de la population parisienne. » Enfin le général croit encore prudent de terminer, en déclarant « qu'il a pris des dispositions pour que les officiers en question soient internés à la Roquette, dans le but de les soustraire à des sévices que l'agitation des esprits pourrait expliquer sans les justifier, et qui auraient des conséquences déplorables. »

(2) *Gazette générale de l'Allemagne du Nord*, citée par l'*Echo du Parlement Belge*, 22 décembre.

(3) V. *La guerre actuelle*, etc., p. 55.

pour signaler une circonstance, dans laquelle s'est dessinée d'une manière remarquable, pendant que la guerre durait encore, l'attitude du gouvernement fédéral allemand vis-à-vis du gouvernement français de la défense nationale. On sait que, par dépêche-circulaire du 19 octobre 1870, le prince Gortschakoff, ministre des affaires étrangères de Russie, annonça que cette puissance se considérait comme dégagée de certaines stipulations du traité de 1856 [1]. La nouvelle de cette circulaire fut transmise à la délégation de Tours par un télégramme du ministre français à Vienne. Mais les membres principaux du gouvernement de la défense nationale, restés à Paris, n'en eurent connaissance que le 17 novembre, par dépêche expédiée de Tours le 11 du même mois [2].

L'idée d'une conférence à Londres entre les puissances signataires des traités de 1856, fut suggérée par la Prusse vers la fin de novembre. Après quelques hésitations, le gouvernement de la défense nationale, d'accord avec ses délégués de Tours, se décida à y envoyer son ministre des affaires étrangères, M. Jules Favre. En informant le gouvernement anglais de cette résolution, M. de Chaudordy lui fit demander, vers la fin de décembre, d'obtenir un sauf-conduit qui permît au plénipotentiaire français de franchir les lignes prussiennes. Le gouvernement prussien ne fit point dans le principe d'opposition formelle à cette demande. Seulement il refusa d'envoyer un officier allemand, alléguant que peu de jours auparavant, 23 décembre, on avait tiré sur un de ses parlementaires et que satisfaction n'avait pas encore été donnée de ce chef; ajoutant toutefois qu'un sauf-conduit serait donné à M. Jules Favre, « aussitôt qu'il serait demandé par un officier envoyé de Paris au quartier-général allemand [3]. »

Au lieu de suivre cette indication, M. Jules Favre commença par écrire le 10 janvier, « qu'il se rendrait à Londres aussitôt que les circonstances le lui permettraient, sûr à l'avance de ne pas invoquer en vain, au nom de son gouvernement, les principes de droit et de morale que l'Europe a un si grand intérêt à faire respecter. » Le 12 janvier, il reproduisit sa correspondance avec lord Granville dans une circulaire adressée aux représentants de la France à l'étranger, et immédiatement publiée par le

<hr>

(1) Nous donnerons, dans notre prochaine chronique, l'exposé de cet incident.

(2 Nous trouvons ces détails dans une circulaire de M. Jules Favre du 12 janvier 1871, publiée au *Journal officiel* français.

(3) Dépêche de Lord Granville du 29 décembre envoyée à M. Jules Favre par l'intermédiaire du ministre des Etats-Unis, et citée par M. Jules Favre dans sa circulaire du 12 janvier.

journal officiel. Il y déclarait que, « sans diminuer l'intérêt que soulevait la discussion des traités de 1856, » le gouvernement de la défense nationale « avait le devoir, en entrant dans la conférence, *d'y introduire un débat d'une tout autre importance*, et sur lequel on ne pouvait lui opposer aucune fin de non-recevoir. » Plus loin il attribuait à « la *démarche officielle faite auprès de la République française* par les cabinets européens, une gravité exceptionnelle. » Il y voyait « un commencement tardif de justice, un *engagement formel* qui ne pouvait plus être rétracté etc.... » C'était dire en d'autres termes : 1° que l'invitation d'assister à la conférence devait être regardée comme une reconnaissance formelle et sans réserve du gouvernement de la République française par les cabinets européens; 2° que le plénipotentiaire de la République française aurait pour instruction d'engager la Conférence à intervenir dans la guerre franco-allemande.

C'est seulement après avoir pris cette attitude, que M. J. Favre adressa à M. de Bismark la lettre suivante :

Paris, 15 janvier 1871.

A son Excellence M. le comte de Bismark, à Versailles.

Monsieur le comte,

Lord Granville m'informe par sa dépêche du 29 décembre dernier, que j'ai reçue le 10 janvier soir, que Votre Excellence, sur la prière du cabinet anglais, tient un sauf-conduit à ma disposition, lequel est nécessaire au plénipotentiaire de France, pour pouvoir traverser les lignes prussiennes. Comme je suis désigné en cette qualité, j'ai l'honneur de réclamer de Votre Excellence l'envoi, sous mon nom, de ce sauf-conduit, et cela dans le plus bref délai possible.

Agréez, etc.

(*Signé*) Jules Favre.

La réponse de M. de Bismark caractérise l'attitude prise par lui dès le début, en présence du gouvernement issu de la manifestation du 4 septembre. Dès le 16 septembre, dans une circulaire écrite de Meaux, à propos du voyage diplomatique de M. Thiers, il avait déclaré que, « l'Allemagne ayant été obligée de s'engager seule dans la contestation, c'est avec elle seule que la France aurait à régler ses comptes. » D'autre part, dans sa circulaire du 27 septembre, relative à son entrevue à Ferrières, il admet la nécessité de « donner du temps à la nation française pour élire des représentants qui seuls seraient capables d'établir la légitimité du gouvernement actuel, au point de rendre possible la conclusion d'une paix avec lui, conformément au droit des nations. » Ainsi 1° relations avec le gouvernement de la défense nationale comme avec un simple belligérant *de facto;* 2° résolution de repousser toute prétention à terminer par l'intervention des puissances neutres un débat commencé et poursuivi sans elles, — telle est la double proposition qui se résume, avec une logique presque cruelle, dans la lettre suivante :

« *A Son Excellence M. Jules Favre, ministre des affaires étrangères du gouvernement de la défense nationale, à Paris.*

» Monsieur le Ministre,

» Je prie Votre Excellence, en réponse aux deux communications du 10 de ce mois, de me permettre d'abord d'écarter un malentendu ; Votre Excellence suppose qu'en suite d'une invitation adressée à S. M. Britannique, un sauf-conduit se trouve préparé chez moi, dans le but d'assurer votre participation à la conférence de Londres.

» Cette supposition n'est cependant pas tout à fait juste.

» Je n'eusse pu accepter des négociations officielles basées sur la présomption, que le gouvernement de la défense nationale fût en position d'agir, d'après le droit des gens, au nom de la France, aussi longtemps qu'il n'est pas reconnu, au moins, par la nation française.

» Je présume que les commandants de nos avant-postes eussent donné l'autorisation à Votre Excellence de traverser les lignes allemandes, si Votre Excellence l'avait demandée au commandement de l'armée de siége. Celui-ci n'eût pas été appelé à prendre en considération la position politique de Votre Excellence, ni le but de son voyage, et l'autorisation accordée par nos chefs militaires de passer nos lignes, laquelle, à leur point de vue, n'a donné lieu à aucune opposition, aurait cependant laissé pleine liberté à l'ambassadeur de S. M. à Londres, de prendre dans la question de savoir si les déclarations de Votre Excellence sont celles de la France, telle position qui lui conviendrait et de trouver, de son côté, une règle de conduite qui eût écarté tout préjudice. Cette voie, Votre Excellence, en m'adressant officiellement sa demande d'un sauf-conduit, me l'a barrée. Les considérations politiques, ci-dessus mentionnées, et qui me sont suggérées par la déclaration *que Votre Excellence a publiée officiellement le 12 de ce mois,* me défendent de déférer à votre demande par l'envoi d'un tel document.

» En vous faisant part de cette décision, je ne puis qu'abandonner à votre appréciation et à celle de votre gouvernement le point de savoir, s'il existe un autre moyen, propre à écarter les objections précitées et à éviter le préjudice que votre présence à Londres pourrait occasionner.

» Si même un tel moyen devait être trouvé, je prends encore la liberté de vous demander, s'il est à souhaiter que Votre Excellence quitte maintenant son poste de membre du gouvernement pour prendre part en personne à une conférence sur la neutralisation de la Mer Noire, dans un moment où des intérêts se trouvent en jeu à Paris, qui ont pour la France et l'Allemagne plus d'importance que l'article 11 du traité de 1856. En même temps Votre Excellence abandonnerait à Paris les agents diplomatiques et les nationaux des États neutres, qui sont restés dans cette capitale ou plutôt y ont été retenus, après avoir depuis longtemps reçu la permission de traverser les lignes allemandes, et qui sont d'autant plus en droit de compter sur l'aide et la protection de Votre Excellence par suite de votre qualité de ministre des affaires étrangères.

» Je puis donc à peine supposer que Votre Excellence, dans la position critique à la création de laquelle elle a contribué pour une part si considérable, veuille se dérober à l'obligation d'aplanir des difficultés dont la responsabilité retombe sur elle-même.

» Agréez, monsieur le ministre, l'assurance de la considération très distinguée avec laquelle j'ai l'honneur d'être, de Votre Excellence, etc.

» Signé : DE BISMARK. »

II. — DES RAPPORTS CRÉÉS PAR LA GUERRE ACTUELLE ENTRE LES BELLIGÉRANTS ET LES NEUTRES.

§ 1. — *Protection par les diplomates neutres des sujets de l'un des belligérants résidant chez l'autre belligérant.*

Dès que les relations diplomatiques entre les belligérants furent rompues, chacun d'eux songea, comme c'est l'habitude, à mettre ses sujets résidant en pays ennemi sous la protection diplomatique d'une puissance amie, et à faire déposer les archives de ses légations et consulats entre les mains des représentants de cette puissance. Cette formalité ne put être accomplie que sur la demande du belligérant qui y avait intérêt et avec le consentement de l'autre. L'Angleterre fut ainsi chargée de la protection des sujets français en Allemagne. Les Etats-Unis acceptèrent de veiller aux intérêts des sujets de la Confédération de l'Allemagne du Nord, y compris ceux de la Saxe et de la Hesse grand-ducale, résidant en France. Enfin les sujets de la Bavière et de Bade furent mis sous la protection diplomatique de la Suisse, et ceux du Wurtemberg sous la protection de la Russie.

Nous trouvons, dans les documents transmis au Congrès des Etats-Unis avec le message annuel du président (5 décembre 1870), des détails curieux sur la manière dont M. Washburne, ministre des Etats-Unis à Paris, s'acquitta de sa mission [1].

L'état de guerre ayant eu pour conséquence de mettre fin aux fonctions officielles des agents consulaires de la Confédération du Nord en France, M. Washburne s'empressa de prescrire à tous les consuls qui relevaient de sa légation de prêter, aux sujets fédéraux allemands, toute l'assistance compatible avec leurs fonctions. Leur signature en cette qualité serait :

« *Le Consul des États-Unis d'Amérique, chargé des affaires des sujets de la Confédération de l'Allemagne du Nord à...* [2] »

Nous avons parlé dans notre première étude (*La guerre actuelle*, etc. p. 55) de l'expulsion des sujets allemands résidant en France. Comme on a pu le voir par le discours de M. le ministre Chevreau au corps législatif (12 août), le gouvernement français ne se décida pas immédiatement à prendre ce parti. Son premier mouvement fut même de s'opposer au départ de tous les Allemands aptes au service militaire. Ce fait nous est confirmé par la correspondance entre M. Washburne et le duc de Gramont. Le ministre américain, sans contester le droit absolu de la France d'agir ainsi, soutient que la coutume internationale a tempéré ce droit. Il cite dans ce sens *Kent's Commentaries*, vol. I, pp. 56-59. Le duc de Gramont lui réplique le 5 août en faisant valoir la circonstance que, à peine la guerre déclarée, on a vu un fait très-grave se produire : des sujets prussiens, obéissant à un mot d'ordre, comme s'il y avait eu un recrutement pratiqué parmi eux, se réunissaient aux stations de chemin de fer, et se préparaient à grossir les forces de l'ennemi. Les faveurs compatibles avec l'état de guerre doivent-elles aller jusqu'à permettre à l'ennemi de grossir ainsi son armée au moment où la lutte va commencer? Au surplus il n'y a là rien de comparable aux odieux traitements exercés sur les sujets français expulsés du territoire de Bade [3]. — Le 9 août M. Washburne revient à la charge, mais sans succès [4].

Persuadé dès lors qu'il n'a plus à se préoccuper que de protéger, contre les vexations d'une population et d'autorités soupçonneuses, les Allemands

[1] *Papers relating to the foreign relations of the United States, transmitted to Congress with the annual message of the President*, Déc. 5, 1870. Washington. Government printing office. 1870.

[2] *Papers relating* etc. P. 93, nᵒ 55, annexe.

[3] Ceci est un nouvel exemple de l'exactitude de certaines allégations officielles. Il est aujourd'hui avéré que les « odieux traitements » dont parle le ministre français n'ont jamais été pratiqués, et que les résidents français n'ont jamais été expulsés du duché de Bade.

[4] *Papers relating* etc., nᵒˢ 52 et 63.

obligés de rester en France, M. Washburne demande au duc de Gramont l'autorisation de délivrer des certificats, qui, portant le visa de la légation américaine, constitueraient une espèce de sauvegarde pour les porteurs. M. de Gramont, sans opposer à cette demande un refus formel, répond qu'il ne voit pas l'utilité de la mesure ; que du reste les Allemands résidant en France vont être obligés de se pourvoir eux-mêmes, auprès de l'autorité française compétente, *de permis de séjour*, qui remplaceront le certificat demandé. (1)

Cependant le 7 août, Paris reçoit les premières nouvelles des désastres de Wissembourg et de Forbach. L'opinion publique est surexcitée. Elle voit des espions partout. Les résidents allemands menacés, maltraités par la populace se présentent en foule aux légations neutres chargées de les protéger. Le *Figaro* du 9 août propose l'expulsion en masse de tous les Allemands présents à Paris. Ceux qui ont les moyens de payer leur passage, seront embarqués au Hâvre dans les 24 heures ; les autres seront mis sous les verroux, en attendant qu'on les expédie. Ce même jour s'ouvre la session du Corps législatif, extraordinairement convoqué. M. Washburne y court pour se concerter avec ses collègues de Suisse et de Russie, MM. Kern et Okouneff. Ils veulent parler au ministre, mais en vain : le ministère tout entier a disparu dans la tourmente. Le 10 août, M. Washburne parvient à voir un chef de bureau, qui lui promet de parler au préfet de police. Le 11 août il se rend avec ses collègues chez M. Chevreau, le nouveau ministre de l'intérieur, mais il leur faut attendre jusqu'au 12 pour obtenir une audience. Ils le rencontrent enfin après cette séance du Corps législatif, dont nous avons donné un extrait dans notre première étude. Le ministre s'attache à justifier par la pression de l'opinion et la nécessité de veiller à la sécurité des étrangers eux-mêmes, la résolution, prise et annoncée, de procéder à leur expulsion. Mais il se montre disposé, ainsi que son collègue des affaires étrangères, prince de la Tour d'Auvergne, à faire tout ce qui est possible pour tempérer l'exécution de la mesure. « Au surplus, » dit le prince de la Tour d'Auvergne, « les Allemands n'ont pas à se » plaindre, puisque le gouvernement prussien a ordonné que tous les » sujets français soient expulsés de la Prusse. » Comme M. Washburne émet quelque doute sur l'exactitude de cette assertion, et lui cite une dépêche de Berlin, publiée par les journaux et *affirmant catégoriquement le contraire*, le ministre des affaires étrangères de l'Empire français se

____

(1) *Papers relating* etc., n° 58.

borne à répondre « qu'il a cru le fait vrai, parcequ'il l'a entendu alléguer dans une discussion par le ministre de l'intérieur ! [1] »

Quelques tempéraments et quelques exceptions que l'on apportât, il était impossible que l'éloignement d'une population, estimée par le gouvernement français, pour Paris seul, à quarante mille âmes, se fît sans entraîner une quantité inouïe de misères et de ruines. Pour leur venir partiellement en aide, le gouvernement prussien plaça un crédit de 50,000 thalers à la disposition de M. Washburne. « Aujourd'hui, » écrit celui-ci le 15 août, « cinq cents sujets de la Confédération sont venus à la légation chercher leurs passeports. Dans le nombre, il y en avait dont la condition était à tous égards des plus déplorables. Depuis que la guerre a éclaté, pas un Allemand n'a pu obtenir de l'ouvrage, et les plus pauvres ont épuisé le peu qu'ils avaient en réserve. Ils sont aujourd'hui sans ouvrage, sans argent, sans crédit, sans amis, sans pain. Rongés par la faim, terrifiés par les menaces, sans moyens de quitter le pays, ils sont venus implorer mon assistance. Des femmes portant de petits enfants, d'autres dans un état de grossesse avancée, baignées de larmes et pleines d'anxiété, arrivent à la légation comme à leur dernier refuge... Je donne à chacun de ces pauvres gens 50 francs, de manière à leur permettre de gagner la frontière allemande, où sans doute on prendra soin d'eux [2]. »

Vers la fin d'août, l'ordre du gouverneur de Paris décrétant l'expulsion des *bouches inutiles* (24 août), son arrêté ordonnant aux Allemands restés à Paris de quitter la ville dans les trois jours (28 août) [3], enfin un avis du préfet de police adressant la même invitation en général à toutes les personnes « qui ne seraient pas en état de faire face à l'ennemi, » — ces diverses mesures, prises en prévision du siége de Paris, donnèrent une nouvelle occasion à M. Washburne et à ses collègues d'exercer leur charitable activité. Le 2 septembre, l'envoyé américain écrit qu'il a visé des passe-ports et délivré des sauf-conduits pour près de trente mille sujets allemands expulsés de France, mais que maintenant son temps est surtout pris par les démarches à faire pour un très-grand nombre d'Allemands, qui ont été arrêtés et jetés en prison...

Nous ne quitterons pas ce sujet sans rendre hommage, non-seulement au zèle, mais à la délicatesse, au tact parfait que M. Washburne et ses collègues ont apporté dans l'accomplissement de leur mission. Sans lais-

<hr>

(1) Mr Washburne to Mr Fish, août 1870. — *Papers relating*, etc. n° 65. p. 101.

(2) *Papers relating*, etc., n° 62.

(3) V. le texte de cet arrêté, T. II de la Revue, pp. 673 et ss.

ser échapper aucune occasion d'exercer leur bienfaisante influence, ils n'ont cependant jamais oublié que leur rôle n'était pas le même que s'ils avaient eu à parler au nom de leurs propres concitoyens. C'était un rôle de persuasion, d'intervention amicale, jamais impérative, le vrai rôle qui convient à une puissance neutre. Tout autre est le ton de M. Washburne, lorsque des Allemands, devenus citoyens américains, s'adressent à lui pour savoir s'ils sont atteints par la proclamation du général Trochu. Non, leur répond-il immédiatement, « cette proclamation ne comprend pas les citoyens naturalisés Américains, et Allemands de naissance. *Ces personnes ont la qualité de citoyens des Etats-Unis, et toute protection leur sera accordée, dans toutes les circonstances et à tous hasards.* »

§ II. — *Observation de la neutralité par les pays limitrophes du théâtre de la guerre.*

A. — *Belgique et Suisse.* — Ces deux pays, placés à-peu-près dans les mêmes conditions, ont obéi, jusqu'à la fin des hostilités, au même esprit de sage et libérale impartialité. Aux renseignements que nous avons donnés à cet égard dans notre premier travail, et à la notice de M. Bury sur la neutralité de la Suisse, nous ajouterons quelques détails relatifs à des incidents survenus dans la suite de la guerre. Nous trouvons un précieux secours pour l'accomplissement de cette tâche dans l'excellent rapport présenté, le 1 décembre 1870, par le Conseil fédéral à l'Assemblée fédérale sur le maintien de la neutralité Suisse. Les termes dans lesquels ce rapport caractérise la situation de la République Helvétique, s'appliquent, avec une grande justesse, à l'un comme à l'autre des Etats dont nous nous occupons ici. Après avoir dit que la position des neutres a toujours été difficile, tant par l'absence de règles précises internationales, que par le désir naturel des belligérants de s'assurer les sympathies actives des autres peuples, le rapport continue :

« La neutralité de la Suisse dans cette guerre était encore entourée de difficultés toutes particulières. Nos plus proches voisins se trouvaient en guerre l'un contre l'autre ; après avoir perdu son caractère dynastique, cette lutte prit le caractère d'une guerre de races entre deux peuples représentant justement les deux principales races dont la Suisse est composée ; en outre, elle parut revêtir l'apparence d'une guerre de la république contre la monarchie, et elle prit même çà et là un caractère confessionnel. Il n'est pas surprenant que, dans ces circonstances, bien des gens en Suisse aient trouvé que leur propre cause était en jeu, que les sympathies se soient prononcées avec beaucoup de vivacité suivant le point de vue auquel on se plaçait, et que chez nous .les cris de joie du vainqueur n'aient trouvé parfois que de très-faibles échos. La Suisse a été souvent exposée, à ce propos, à d'amers reproches d'un côté comme de l'autre. L'Allemagne du Sud ne pouvait comprendre pourquoi les Suisses allemands n'accueillaient pas avec une joie égale à la sienne la défaite de la France, et Garibaldi s'exprimait assez durement sur le fait que la Suisse ne portait pas secours à la nation française. Nous savons respecter ces sentiments, mais on doit aussi être juste vis-à-vis de la Suisse. La Suisse a fait de cruelles expériences jusqu'à ce qu'elle se soit familiarisée avec l'idée de ne plus se mêler avec les querelles du dehors; elle a choisi elle-même la politique de la neutralité longtemps avant que l'Europe eût jugé à propos de sanctionner cette politique. Justement parcequ'elle est partagée quant aux races, aux religions et aux intérêts, elle ne peut intervenir activement dans les guerres entre les autres États sans provoquer de profondes déchirures dans son propre sein et sans paralyser ses forces, tandis qu'elle est forte dans la guerre défensive parceque tous les éléments qui la composent se réunissent contre l'ennemi du dehors. La politique de la neutralité n'est donc point une loi imposée à la Suisse par l'étranger; elle est bien plutôt la conséquence de son organisation intérieure.

» C'est pourquoi la Suisse a, dans cette guerre, manifesté le caractère particulier de sa nationalité en restant neutre etc. etc. »

Par une étrange analogie, il s'est trouvé que les deux pays ont été appelés successivement, dans le cours de cette guerre, à prouver et leur esprit d'indépendance et leur esprit de charité, d'abord en désarmant, puis en recueillant les débris de deux grands désastres. La Belgique a vu, à quelques pas de ses frontières, les batailles sanglantes qui ont précédé la capitulation de Sedan. C'est vers les montagnes de la Suisse qu'ont été poussés, dans leur lamentable retraite, les 80,000 hommes de l'armée de Bourbaki. Nous ne reviendrons plus sur les mesures prises par la Belgique pour faire respecter sa neutralité. Quant à la Suisse, les circonstances furent quelque peu différentes, et motivèrent des mesures spéciales. Il ne s'agissait plus de détachements ni d'individus isolés, mais d'une armée nombreuse, ayant encore un reste d'organisation et dont le général demandait à entrer en pays neutre. Il fallut recourir à une convention formelle, qui fut conclue le 1 février entre le général français Clinchamp et le général suisse Herzog. Aux termes de cette convention, toute la première armée française fut admise en Suisse moyennant de déposer son artillerie, ses armes, équipements et munitions, qui seraient restitués à la France après la paix et après le règlement définitif des dépenses supportées par la Suisse.

Des dispositions ultérieures seraient prises à l'égard des chevaux de troupe [1]. Les voitures de vivres et de bagages retourneraient en France, mais vides; les voitures du trésor et des postes seraient remises à la Confédération, qui en tiendrait compte lors du règlement des dépenses etc.

Les principes que consacre cette convention sont précieux à enregistrer dans l'intérêt futur des Etats neutres. Il résulterait en effet de leur généralisation que la puissance chez laquelle se réfugient des troupes acculées sur ses frontières, aurait non seulement le droit de réclamer de l'Etat auquel appartiennent ces troupes, le remboursement des dépenses résultant de leur entretien, mais encore d'exercer un *jus retentionis* sur leur matériel de guerre. Cette règle nous semble équitable. Car il est certain que l'Etat neutre aurait le droit de ne permettre à aucune condition à des troupes en retraite l'entrée de son territoire, ce qui aurait pour conséquence de les faire tomber avec leur matériel entre les mains de l'ennemi. En les accueillant, il leur rend donc un véritable service, et il est juste que les dépenses qui en résultent pour lui soient remboursées par l'État auquel les troupes fugitives appartiennent. Le *Times*, du 16 février, a adopté, il est vrai, une toute autre théorie. Il ne nie pas le droit à une indemnité, mais il soutient que c'est à l'autre belligérant qu'il faudrait la réclamer parce que, « en *internant* les troupes après les avoir recueillies, l'État neutre le dispense de prendre, de garder et de nourrir les fugitifs. » C'est là, croyons-nous, un véritable paradoxe. L'internement qui suit la réception des troupes fugitives n'est plus, comme celle-ci, l'exercice d'une simple faculté, c'est l'accomplissement d'une obligation à laquelle le neutre ne peut se soustraire, et qui, par conséquent, n'a nullement le caractère d'un service librement rendu. Or comment est née cette obligation? Elle est une conséquence directe de la réception du vaincu. C'est donc toujours cette réception qui constitue le fait originaire et décisif, à raison duquel la demande en indemnité devra être dirigée.

La Belgique s'est cependant abstenue de toute réclamation de ce genre, à charge de l'un comme de l'autre des belligérants; l'intégralité du matériel de guerre tombé entre ses mains a été restituée à la France. Sans doute cette abstention a eu des motifs politiques parfaitement appréciables. Aucune convention n'ayant pu être conclue pendant la guerre, il eût été peu généreux et peu convenable de saisir l'instant de la paix, pour entamer une discussion d'intérêt avec la nation vaincue. Mais il n'y a évidemment rien à

---

[1] Ces chevaux ont été plus tard vendus par le gouvernement Suisse, à compte de ses dépenses.

conclure de ce silence quant à la solution de la question en droit strict, solution qu'il pourrait devenir indispensable d'appliquer, même en l'absence de convention, si, par exemple, les charges de l'internement finissaient par être hors de proportion avec les ressources de l'état neutre qui interne.

Du reste, ni la Belgique ni la Suisse ne se sont renfermées dans les limites étroites de l'hospitalité officielle. Les simples particuliers des deux pays ont rivalisé de zèle pour assurer la condition des fugitifs. On se disputait le soin des blessés. Dans beaucoup de parties de la Suisse on organisa des écoles pour les soldats français illettrés. A Berne on établit un bureau central de correspondance pour tous les soldats internés de l'armée de Bourbaki, etc.

Quelques discussions soulevées dans les Chambres, devant les tribunaux ou dans la presse montrent, sous leur véritable lumière, les principes d'après lesquels se sont guidés les deux pays, dans toutes les occasions où leur neutralité était plus ou moins directement menacée.

Le 9 décembre, la Chambre belge des Représentants eut à s'occuper de trois pétitions émanées de militaires français détenus à Liége, et demandant à pouvoir retourner sans armes dans leur pays. Parmi les pétitionnaires figuraient des soldats valides à qui le territoire belge avait servi d'asile contre la poursuite des Allemands; des blessés ramenés du champ de bataille et désormais guéris; enfin des prisonniers de guerre évadés en Belgique. Cette requête fut appuyée par deux représentants, MM. Demeur et Bergé, qui soutinrent que la Belgique outrepassait ses devoirs de neutralité, en ne permettant pas tout au moins aux militaires internés de sortir par toute frontière, autre que celle du pays auquel ils appartenaient. Ils insistèrent surtout en ce qui concernait les blessés. M. d'Anethan, ministre des affaires étrangères, répondit en exposant la ligne de conduite suivie par le gouvernement. Il cita les instructions données par le département de la guerre et qui se résumaient ainsi, d'après le *Moniteur* :

« Les autorités de la frontière ont pour instructions de ne laisser entrer les militaires étrangers qu'à la condition, s'ils sont officiers, de s'engager par écrit à ne pas quitter la Belgique, et, s'ils sont simples soldats, d'être internés. »

« Nous offrons aux militaires, » dit le Ministre, « un asile sur notre sol hospitalier; nous leur donnons le moyen d'échapper ainsi soit à la mort, soit à la captivité en pays ennemi. Ils sont libres de ne pas entrer en Belgique; mais, s'ils y entrent, s'ils tiennent à jouir du bienfait qu'on leur offre, il faut qu'ils se soumettent aux conditions que nous sommes forcés de leur imposer, conformément aux principes admis par toutes les nations neutres [1]. » Les blessés ne font pas exception à cette règle, car eux aussi n'ont été admis que moyennant la condition d'être « gardés jusqu'à la fin de la guerre, ou jusqu'à une époque à convenir ultérieurement entre les gouvernements.... Des négociations entamées par la suite avec le cabinet de Berlin ont eu pour résultat la faculté pour les blessés, reconnus, par suite de blessures, impropres au service, de retourner dans leur patrie, et la même faculté pour ceux dont la convalescence était présumée devoir durer jusqu'à la fin de la guerre. Quant aux blessés reconnus, après leur guérison, propres au service, ils seraient internés ou échangés contre des soldats de l'autre puissance belligérante [2]. »

La Chambre ratifia ces explications en ordonnant, par 72 voix contre 7, le dépôt des pétitions au bureau des renseignements. Le gouvernement n'avait toutefois pas répondu directement à la thèse de M. Demeur, en ce qu'elle tendait à laisser sortir les internés par une frontière autre que celle des belligérants. Mais la réponse est facile. Le but de l'internement est d'empêcher que le soldat fugitif ne se borne à traverser le territoire neutre pour aller reprendre du service. A la vérité, comme le dit M. Bluntschli, on ne le considère pas comme prisonnier de guerre, mais on prend à son égard « une mesure de *police politique*. » Or, avec la facilité et la rapidité de nos communications, les effets de cette mesure seraient illusoires s'il était permis, par exemple, au soldat français, recueilli en Belgique comme fugitif, de s'embarquer pour l'Angleterre ou de passer par la Hollande pour rentrer immédiatement de là en France. Il ne reste donc d'autre ressource que de lui assigner dans l'intérieur du pays une résidence fixe, ce qui est d'ailleurs, après tout, la signification naturelle du mot *internement*. Enfin il n'y a pas de distinction de principe à faire entre le blessé et le non-blessé, ni entre celui qui échappe à l'ennemi

(1) Ann. Parlem. de Belgique, Chambre des représentants, 1870-1871, p. 272. On pourrait ajouter que, en dehors du cas où ces conditions ont été expressément acceptées, leur acceptation tacite se présume de droit. Voici en effet ce que dit un auteur français, qui n'a pas été cité dans la Chambre belge : « Il ne faudrait pas confondre le passage de troupes armées avec le refuge accordé à une armée poursuivie par l'ennemi et qui se replie sur le territoire d'un État neutre : cette armée doit être reçue et traitée avec humanité, mais, *comme en même temps elle est présumée renoncer à faire partie de la force armée de sa nation*, les troupes qui la composent sont habituellement désarmées et internées loin du théâtre de la guerre, de manière à concilier les devoirs de la neutralité avec la commisération due à des hommes malheureux. » Ch. Vergé, note sur le *précis du droit des gens* de G. *De Martens*, § 311.

(2) Ann. Parlem. de Belgique, p. 273.

avant d'être tombé entre ses mains, et le prisonnier fugitif. Leur qualité commune de combattants, engagés dans la lutte active, suffit pour que l'Etat neutre ait à les empêcher de *traverser* son territoire [1].

Voilà pour les devoirs internationaux. La question peut prendre un autre aspect, si on l'examine au point de vue de la législation intérieure d'un pays donné. Il s'agira alors de savoir, surtout dans un pays constitutionnel, où existe la division des pouvoirs, jusqu'à quel point, aux termes de la Constitution et des lois en vigueur, les différents pouvoirs peuvent être appelés à participer à l'accomplissement des obligations internationales. Cette difficulté a été signalée, dès le 9 décembre, au parlement belge, par M. Demeur [2]. Plus tard, elle s'est représentée devant les tribunaux belges, dans l'espèce suivante. Le demandeur, sous-officier français et prisonnier de guerre de l'Allemagne, s'était échappé de la citadelle de Dietz et réfugié en Belgique, où il avait été arrêté par la gendarmerie. Il déclara qu'il était sans passeport et que son intention était de regagner sa patrie. Il fut mis à la disposition du commandant de la place de Bruxelles qui, en vertu de ses instructions, requit son internement à Gand. Il assigna devant le tribunal civil de Bruxelles l'État, en la personne du ministre de la guerre, « à l'effet d'entendre prononcer sa mise en liberté immédiate. » A cette réclamation, l'État opposa une exception d'incompétence, déduite du principe de l'indépendance réciproque des pouvoirs publics. Le 21 janvier 1871, le tribunal rendit un jugement par lequel, repoussant cette exception, il se déclara compétent et ordonna aux parties de plaider au fond, « attendu, » dit-il entre autres motifs, « que la liberté, revendiquée par le demandeur, est un droit civil, et que la connaissance de toutes les contestations qui ont pour objet l'exercice des droits civils, est dévolue au pouvoir judiciaire par l'art. 92 de la Constitution. » Mais, sur l'appel, ce jugement fut réformé et l'incompétence du tribunal civil déclarée :

« Attendu, » dit la cour de Bruxelles, dans son arrêt du 14 février 1871, « que l'ordre en exécution duquel l'appelant se trouve retenu dans la citadelle de Gand est une mesure essentiellement militaire par son objet, par l'autorité dont elle émane et par les personnes auxquelles il s'applique ;

» Attendu qu'aux termes des lois existantes, les autorités civiles sont absolument sans droit pour intervenir dans les dispositions ou opérations militaires ;

(1) V. cependant, en sens contraire, lettre d'un jurisconsulte à l'*Indépendance Belge*, nᵒ du 16 décembre 1870.

(2) *Annales parlementaires*, 1870-1871, p. 674.

» Attendu que l'intimé invoque à tort les art. 7, 92, 107 et 128 de la Constitution ;

» Qu'en effet, sa position juridique n'est pas celle d'un particulier, Belge ou étranger, qui demande à jouir de la protection accordée aux personnes et aux biens, mais celle d'un militaire étranger, dont le pays est en guerre avec un autre, et qui, étant tenu de respecter la neutralité de la Belgique, est soumis par cela même aux mesures que prend l'autorité militaire pour assurer ou défendre cette neutralité, mesures contre lesquelles la loi n'ouvre pas de recours devant l'autorité civile, et dont l'exécution ne peut par conséquent être empêchée ou suspendue par les tribunaux (1). »

A vrai dire, la question dont il s'agit ici ne touche qu'indirectement à notre sujet. Elle rentre plutôt dans le droit public interne. Aussi nous abstiendrons-nous de discuter les nombreuses objections de principe que soulève l'arrêt du 14 février. Bornons-nous à faire remarquer que ni la solution du tribunal, ni celle de la cour de Bruxelles ne sont de nature à satisfaire complètement. La première laisse le gouvernement sans moyen de remplir une obligation internationale. La seconde proclame le principe, dangereux par sa généralité, *« que les autorités civiles sont absolument sans droit pour intervenir dans les dispositions ou opérations militaires. »* Mais cette double alternative, dont les deux termes sont également fâcheux, prouve qu'il y a une véritable lacune dans la législation intérieure des pays neutres, et que le moment serait enfin venu de la combler. Seulement, pour que cela fût possible, il faudrait avant tout qu'une convention internationale indiquât, en termes généraux, *quelles sont les obligations* à sanctionner par les lois intérieures. Ne serait-ce pas là, maintenant que la paix est rétablie, mais que personne au monde n'oserait la considérer comme éternelle, un noble but à assigner aux efforts de la diplomatie ? La tâche serait d'ailleurs simplifiée par l'expérience récemment acquise. Cette idée d'un code international des droits et des devoirs des Etats neutres a été indiquée dans le Parlement belge, et par M. Demeur, et par un savant professeur de l'Université de Louvain : M. Thonissen (2). Elle a été suggérée sous une forme plus restreinte (règlement pour l'exportation des armes et munitions de guerre) par M. Lowther, dans la séance de la Chambre des Communes du 29 mars 1871. Enfin elle se retrouve en germe dans la motion présentée, le 19 décembre, par M. Scherer au conseil national suisse. Cette motion a été rejetée (le 20 décembre) et elle devait

(1) *Pasicrisie Belge*, 1871, 2me partie, p. 140.
(2) Séance du 9 novembre. Ann. parl. p. 273.

l'être parce que, à défaut d'un code, une loi intérieure et isolée sur la neutralité ne ferait que créer un danger de plus. Elle fournirait une base légale aux réclamations de l'étranger, sans offrir de défense contre lui. C'est donc toujours par un code international qu'il faudrait commencer.

En attendant que ce travail se fasse, il pourra être utile de noter ici quelques autres difficultés, contre lesquelles les gouvernements de la Suisse et de la Belgique ont eu à lutter pendant la dernière guerre :

1° Les enrôlements faits parmi les sujets des puissances neutres pour le compte d'un des belligérants. On n'a pas hésité à empêcher, dans la mesure du possible, toute tentative de ce genre.

2° La formation, plus ou moins ostensible, de corps étrangers sur territoire neutre.

« Les Français, » dit le Conseil fédéral dans son rapport du 1 décembre, « furent invités dans les feuilles publiques à s'inscrire à une certaine adresse à Genève, en vue de la formation d'un « corps des francs-tireurs du Mont-Blanc ; » cette invitation concernait tous ceux qui voulaient s'intéresser à l'œuvre, « par souscription *ou autrement.* »

» Nous nous empressâmes d'attirer sur ce fait l'attention du département de justice et police du canton de Genève, en le chargeant de s'opposer sérieusement à ce que des corps de francs-tireurs fussent constitués et armés sur territoire suisse, et à ce qu'on fît des publications à cet effet. Nous ajoutâmes que les Français pouvaient rentrer isolément dans leur pays, s'y organiser et s'y armer comme bon leur semblerait, mais qu'ils ne devaient pas le faire sur territoire suisse. »

3° Le passage d'enrôlés étrangers à travers le territoire neutre.

Il résulte du rapport du Conseil fédéral que les principes suivis à cet égard par la Suisse peuvent se résumer ainsi :

1) Laisser passer librement les personnes sans armes et sans uniforme, qui traversent les parcelles de territoire où se trouve leur route *naturelle et ordinaire.* — Il s'agissait de la population badoise du district du Lac et du Haut-Rhin, qui traversait les cantons de Schaffhouse et de Bâle-Ville, et de la population savoisienne qui empruntait le territoire genevois.

2) Ne pas permettre que l'un des belligérants se serve systématiquement du territoire neutre pour transporter, d'une manière plus ou moins déguisée, un personnel de guerre. — Il s'agissait de jeunes gens, aptes au service militaire, qui traversaient la Suisse en grand nombre, pour se rendre d'Alsace dans le midi de la France. Un bureau français était institué à Bâle pour organiser les convois.

4° Les appels adressés à la population neutre en vue d'une participation active aux hostilités.

Le 4 septembre 1870 un manifeste parut à Neuchâtel, dont l'auteur s'adressait aux sections de « l'Internationale » en Allemagne, en Suisse et partout, en appelant tous les socialistes à prendre les armes pour défendre la France républicaine contre l'Allemagne monarchique. On disait dans ce manifeste, que ce n'était plus contre l'Empereur, mais bien contre l'indépendance du peuple français que la guerre était dirigée; que la cause de la république française était celle de la révolution européenne ; que, par conséquent, le moment était venu où les membres de « l'Internationale » devaient verser leur sang pour l'émancipation de l'ouvrier et de l'humanité entière. Les membres allemands étaient invités à combattre la puissance militaire prussienne avec leurs frères de France. Quant aux membres suisses, ils devaient convoquer des assemblées populaires, faire une propagande active, attirer à eux tous les ouvriers, s'organiser, réclamer des armes, etc. Cet écrit se terminait par ces mots : « Vive la république sociale universelle ! »

« Apres avoir pris connaissance de ce manifeste, » dit le Conseil fédéral, « nous nous empressâmes d'inviter, par circulaire du 10 septembre 1870, les autorités supérieures de police de tous les cantons à séquestrer de suite tous les imprimés renfermant un appel à une participation active à la guerre actuelle, à empêcher les réunions et toute organisation armée faite dans ce but, et, le cas échéant, à ordonner les mesures de précaution ainsi que les enquêtes nécessaires, aux termes des art. 15 et suivants du code pénal fédéral du 27 août 1851.

» L'instruction que le Conseil d'État du canton de Neuchâtel ouvrit de son propre chef prouva que le manifeste dont il s'agit n'avait aucune importance et que, si un certain nombre d'exemplaires de cet écrit avaient été distribués en Suisse ou même expédiés à l'étranger, ils n'avaient produit aucun effet. Ce manifeste avait même provoqué des protestations publiques de la part des ouvriers du canton de Neuchâtel. »

5° Les violations formelles du territoire neutre par des partis armés appartenant à l'un des belligérants.

Parmi les exemples de violations de ce genre, nous en citerons deux qui ont produit, l'un en Belgique, l'autre en Suisse, une certaine sensation. Le premier est l'enlèvement, exécuté le 6 décembre sur territoire belge, par des francs-tireurs français, de la malle-poste prussienne (*Feldpost*), faisant le service des dépêches de l'Allemagne et traversant la Belgique pour se rendre à Sedan. Grâce à l'intervention immédiate et active des autorités belges, civile et militaire, la malle put être reprise et remise intacte, le 7 décembre, aux mains des autorités prussiennes [1]. Ajoutons que les deux conducteurs de la malle-poste, qui avaient été conduits à Mézières comme prisonniers de guerre, furent loyalement remis en liberté, le 16 décembre, par ordre du Préfet français des Ardennes, qui fit en outre restituer la valeur des objets dont ils étaient nantis, et qui n'avaient pu être retrouvés. — Le second fait a été commis dans le canton de Neuchâtel par le capitaine Huot, et quelques autres francs-tireurs français, qui s'étaient déjà réfugiés en Suisse. Un détachement prussien, venu en parlementaire, pour remettre aux autorités fédérales un certain nombre de chassepots réclamés par elles, fut attaqué par ces francs-tireurs, qui tuèrent un homme, en blessèrent deux et firent les autres prisonniers. Ceux-ci furent plus tard mis en liberté comme capturés irrégulièrement; les francs-tireurs furent traduits par les autorités suisses devant un conseil de guerre, et accusés, aux termes de l'art. 4 du Code pénal militaire fédéral, « d'un acte contraire au droit international, de nature à pouvoir occasionner ou justifier les hostilités d'une nation étrangère contre la Confédération. [2] » Nous ignorons quelle a été l'issue de cette affaire.

6° On sait que, d'après l'article XCII de l'Acte final du Congrès de Vienne, le Chablais et le Faucigny ainsi que tout le territoire de la Savoie au nord d'Ugine, « font partie de la neutralité de la Suisse, » et que, en cas de guerre ouverte ou imminente entre les puissances voisines de la Suisse, « aucunes troupes armées d'aucune puissance ne pourront traverser ni stationner dans ces provinces et territoires, sauf celles que la Confédération suisse jugerait à propos d'y placer. » En notifiant sa neutralité aux autres puissances, le Conseil fédéral rappela le droit d'occupation résultant de cet article, et fit toute réserve relativement à son exercice. Plus d'une fois, dans le cours de la guerre, la question de savoir s'il y aurait lieu d'en user fut vivement débattue par la presse. Après les événements de Sedan, ceux qui avaient commencé par redouter cette éventualité, s'y montrèrent les plus favorables. Des autorités et des particuliers de la

(1) *Preuss. Staats-Anzeiger*, 15 décembre. — L'impartialité nous oblige d'ajouter que, d'après une lettre adressée le 11 décembre 1870 par M. de Chaudordy à M. Tissot, chargé d'affaires de France à Londres, « l'erreur des francs-tireurs provient de ce qu'on a vu un corps de uhlans escortant sur territoire belge la malle-poste prussienne, de sorte que les francs-tireurs ont eu quelque difficulté à se convaincre qu'ils se trouvaient réellement dans un pays neutre..., L'enquête, ajoute M. de Chaudordy, a établi que la malle-poste était accompagné dans tous ses voyages sur le territoire belge par des uhlans armés. » Si ces faits sont exacts, il faut convenir que la première et la principale violation de la neutralité belge a été commise par l'escorte prussienne.

(2) *Journal de Genève*, 16 mars.

Savoie firent des démarches, directes ou indirectes, pour décider le conseil fédéral à l'occupation. Mais celui-ci eut la sagesse de ne pas se laisser entraîner. Il se borna à maintenir le principe de son droit, tout en ne voulant en user que si la neutralité suisse était réellement en jeu.

Cette abstention et quelques-unes des mesures que nous venons d'exposer furent assez vivement critiquées, dans la séance du Conseil national suisse du 19 décembre. Cependant la presqu'unanimité de l'assemblée ratifia la conduite du Conseil fédéral, et renouvela les pouvoirs de celui-ci, moyennant d'en rendre un nouveau compte à la prochaine session.

B. — *Luxembourg.* — De prétendues infractions commises par le gouvernement du Luxembourg à ses devoirs de neutralité ont donné lieu, pendant les mois de décembre 1870 et de janvier 1871, à une correspondance diplomatique assez vive pour causer des inquiétudes, dissipées ensuite, au sujet de l'indépendance du Grand-Duché. La longueur de quelques-unes des pièces échangées nous oblige à nous contenter d'en donner l'analyse.

Le 5 décembre, M. de Bismark adressa au gouvernement grand-ducal une note dans laquelle il commençait par établir que, au début de la guerre, le Roi de Prusse avait déclaré qu'il respecterait la neutralité luxembourgeoise, dans la supposition que le gouvernement français la respecterait de son côté, et que le gouvernement du Grand-Duché la maintiendrait lui-même d'une manière sérieuse et avec bonne volonté. Mais cette supposition avait été démentie par l'évènement. La note mentionnait ensuite, — mais sans y insister, parcequ'il ne s'agissait que de méfaits individuels, — des mauvais traitements et voies de fait commis par la population à l'égard d'employés allemands traversant le Grand-Duché. Puis elle citait, « comme cas flagrant de violation de la neutralité, » l'approvisionnement de la place de Thionville opéré à l'aide de trains de nuit du chemin de fer du Luxembourg. « Il est constaté, » ajoutait-elle, « que l'expédition de ces trains n'a pu avoir lieu sans la connivence des employés du chemin de fer et de la police du Luxembourg. » Autre fait : « Après la reddition de Metz, il y eut un passage en masse de soldats et d'officiers français à travers le Grand-Duché, pour rentrer en France en tournant les armées allemandes et leurs lignes d'occupation. — A Luxembourg même, le vice-consul français résidant en cette ville a ouvert, dans la gare du chemin de fer, un bureau en règle, où les soldats fugitifs ont été pourvus de ressources et de certificats, afin qu'ils pussent continuer leur marche vers la France pour entrer dans l'armée du Nord. — Le nombre des combattants français, en état de porter les armes, qui ont ainsi traversé le Luxembourg, s'élève, d'après les données actuelles, à plus de 2000 hommes. — De la part du gouvernement grand-ducal, aucune mesure de répression n'a été prise ; les militaires français n'ont été ni internés, ni empêchés de rentrer en France avec l'intention déclarée de prendre part à la guerre contre l'Allemagne. De même le vice-consul français, agissant publiquement, au mépris de la neutralité, n'a été entravé par aucune difficulté. ... Ainsi, » concluait la note, « les conditions premières, auxquelles le gouvernement du Roi devait subordonner son respect pour la neutralité du Grand-Duché, n'existent plus. En conséquence le soussigné, sur l'ordre de S. M. le Roi, a l'honneur de déclarer au gouvernement grandducal que le gouvernement du Roi, de son côté, dans les opérations militaires des armées allemandes ne se considère plus comme obligé d'avoir égard à la neutralité du Grand-Duché, et qu'il se réserve de donner suite à ses réclamations contre le gouvernement grand-ducal, en raison du préjudice que lui a causé le non-maintien de la neutralité, — ainsi que de prendre les mesures nécessaires pour s'assurer contre le retour de faits analogues à ceux qui ont eu lieu. — Le soussigné a l'honneur d'ajouter que les gouvernements signataires du traité du 11 mai 1867 sont avisés à ce sujet. »

Cette note, venue peu après la dénonciation du traité de 1856 par la Russie, parut au premier abord impliquer une dénonciation du traité de 1867 par la Prusse, et une menace directe contre l'indépendance de l'État garanti. S'il en avait été ainsi, une pareille démarche eût été parfaitement injustifiable. Il ne suffisait pas en effet que lord Stanley, avec un mémorable excès de prudence, eût déclaré le 14 juillet 1867 à la Chambre des communes, que les États signataires ne seraient pas obligés d'intervenir en cas d'infraction du traité, pour que celui-ci pût être dénoncé sur la simple déclaration d'une des parties « que des griefs existaient. » Mais la suite des explications échangées démontre que telle n'était pas l'intention du gouvernement prussien. En effet, répondant à une dépêche de lord Granville du 17 décembre, dans laquelle le ministre anglais exprime l'espoir que la note est « une simple indication du déplaisir de la Prusse, » M. de Bismark déclare catégoriquement, le 24 décembre, « que les termes même de la circulaire ne donnaient nullement lieu de supposer qu'elle eût en vue une dénonciation du traité de 1867. Pour nous, » continue-t-il, « il ne s'agit que d'une mesure de défense militaire.... Que tout pouvoir engagé dans une guerre soit autorisé à prendre de pareilles mesures, c'est ce qui n'est pas contesté dans le droit international, et que la défense, pour être efficace, doive s'exercer en temps opportun, c'est ce qui est dans la nature de la guerre. » Dans cet ordre d'idées, il y a des hypothèses où l'appel aux puissances signataires du traité de 1867 peut devenir une impossibilité. « Par exemple si le maréchal Mac-Mahon, tenu en échec devant Sedan, avait pris le parti de franchir la frontière belge, et de marcher par le Luxembourg sur Metz, le gouvernement anglais croit-il que nous nous serions adressés aux autres puissances pour régler par voie de négociation diplomatique ce qu'il y avait à faire, pendant que nos troupes auraient été exposées à Metz à l'attaque d'un ennemi dont cette violation de neutralité aurait doublé les forces?... Ces observations, » répète-t-il en terminant, « dissiperont toute espèce de doute sur nos intentions, qui tendent uniquement à assurer notre sécurité, sans rien au-delà, et sans rien d'hostile pour le Grand-Duché. (1) »

Dans une réponse extrêmement étendue à la note prussienne (17 décembre), M. Servais, ministre-président du gouvernement luxembourgeois, s'attache à démontrer que, en fait, les griefs allégués par M. de Bismark ne sont pas fondés. Rien d'abord n'est prouvé ni précisé en ce qui concerne les mauvais traitements, prétenduement exercés par la population luxembourgeoise sur des employés allemands. L'expédition des trains d'approvisionnement pour Thionville se réduit à un seul convoi expédié dans la nuit du 24 au 25 septembre, et contenant uniquement des denrées alimentaires. Ce fait n'est pas contraire à la neutralité. Des quantités de trains de ce genre ont été expédiés vers l'Allemagne depuis le commencement de la guerre. D'ailleurs, c'est le passage de la frontière français jusqu'à Thionville qui forme en réalité le fait reproché au Grand-Duché. Or, comment celui-ci pourrait-il être déclaré responsable de ce qui s'est passé sur un territoire étranger? Enfin ce ne sont pas des fonctionnaires luxembourgeois qui ont fait l'expédition. Ce sont les employés, pour la plupart étrangers, d'une compagnie étrangère, que le gouvernement s'est constamment appliqué à surveiller autant que possible, pour l'empêcher d'enfreindre la neutralité. — Quant au passage des évadés, M. Servais ne le nie pas absolument. Mais il croit que l'on a exagéré le nombre de ceux auxquels des mesures préventives étaient applicables. De plus il soutient que pas un seul militaire français n'a pénétré du Luxembourg en France : tous, sans exception, se sont rendus en Belgique (2). Il invoque

(1) Pièces diplomatiques (diplomatic papers) relatives au Luxembourg, communiquées au Parlement par le gouvernement britannique le 10 février 1871.

(2) M. Servais semble considérer cette circonstance comme décisive. V. cependant ce que nous avons dit plus haut, pp. 71 et ss., quant à l'obligation incombant à la Belgique de ne laisser sortir par aucune frontière les militaires évadés ou réfugiés sur son territoire.

enfin la position particulière que le traité de 1867 a faite au Grand-Duché, en ne lui permettant d'entretenir que le nombre de soldats nécessaire pour veiller au maintien du bon ordre intérieur. — Reste la tolérance envers l'agent consulaire français. Cette tolérance est niée. Informé des bruits qui couraient, le gouvernement surveilla attentivement les démarches du consul, il lui adressa des représentations énergiques; mais aucun fait répréhensible ne fut constaté. S'il l'avait été, on eût fait plus que de protester. On eût retiré l'exequatur [1].

Nous n'entrerons pas plus avant dans les détails de cette correspondance, qui a abouti à la proposition très-raisonnable, faite par M. de Bismark (6 janvier) et acceptée par M. Servais (12 janvier), d'envoyer à Luxembourg un commissaire spécial « chargé d'examiner, de concert avec le gouvernement grand-ducal, les mesures à prendre pour empêcher à l'avenir le retour des mêmes difficultés. » Ajoutons seulement une remarque : c'est que, dans tout cet incident, la position, naturellement périlleuse, du Luxembourg a encore été aggravée par la circonstance que les chemins de fer du Grand-Duché étaient exploités par une Compagnie étrangère (la Compagnie française de l'Est), « dont les fonctionnaires salariés étaient, » aux termes de l'art. 23 de son cahier des charges, « au choix et à la nomination des concessionnaires, et pouvaient, ainsi que les ingénieurs, être étrangers. » Il en est résulté que le gouvernement luxembourgeois a été impliqué, à tort ou à raison, dans tous les actes posés par le personnel de cette Compagnie pour favoriser ses compatriotes. Ainsi, dans sa réponse du 6 janvier au ministre grand-ducal, M. de Bismark revenant sur l'expédition des vivres en France et sur l'objection que ces vivres avaient traversé la Belgique, n'hésite pas à reconnaître que le fait d'expédier des vivres à un des belligérants ne constitue pas par lui-même une violation de la neutralité. Mais ce n'est pas là, dit-il, tout ce qui s'est passé. Il y a eu un acte d'hostilité commis par des employés de la Compagnie de l'Est sous la surveillance d'un ingénieur luxembourgeois : le rétablissement des rails au-dessus de Thionville à un endroit où ils avaient été enlevés par les éclaireurs prussiens, et vous, gouvernement luxembourgeois, vous êtes responsable de cet acte. Cette dernière thèse peut paraître douteuse : mais il n'y aurait pas même eu un prétexte pour la soutenir, si le gouvernement luxembourgeois n'avait d'avance abdiqué une portion de sa souveraineté et com-

---

(1) Le gouvernement luxembourgeois recourut en effet, mais plus tard, à cette mesure. Le 6 février 1871, il retira l'exequatur au consul français, baron de Cornot de Cussy.

promis sa neutralité, au profit d'une Compagnie étrangère. C'est un écueil que la Belgique a su éviter en 1869 [1].

§ III. — *Observation de la neutralité par les autres pays. — Questions diverses.*

Nous rangerons sous cette rubrique quelques incidents intéressants, qui peuvent servir d'exemple, soit de la manière dont les pays neutres, plus ou moins éloignés du théâtre de la guerre, ont interprété leurs devoirs, soit (comme dans la dernière espèce que nous examinerons) de certains rapports spéciaux, que les incidents de la lutte peuvent amener entre le neutre et l'un ou l'autre des belligérants.

1. — *Câble sous-marin. — Affaire de l'International.* — Il s'agit d'une interprétation intéressante, faite par la Cour de l'amirauté anglaise, du nouveau *foreign Enlistment act* 1870, 33 et 34, Vict. c. 90. Ce statut dispose entre autres, que : « si quelqu'un dans les États de Sa Majesté expédie, » ou fait en sorte, ou permet que l'on expédie un vaisseau, tout en voulant, » en sachant ou en ayant un motif raisonnable de croire, que ce vaisseau » sera employé au service militaire ou naval d'un État étranger, — cette » personne sera considérée comme ayant commis une infraction au présent » acte [2]. » Suivent certaines pénalités contre la personne et contre le vaisseau. — A la section 15 du même acte contenant les dispositions interprétatives, il est dit : « que le mot *service militaire* comprendra la *télégra-* » *phie militaire.* » — En conséquence, le vaisseau « *International,* » qui portait un câble télégraphique en partie sous-marin, en partie d'atterrissement, destiné à relier entre eux divers points de la côte française, (Dunkerque à Cherbourg, la presqu'île de Cotentin à la baie de St-Brieuc, la presqu'île de Quiberon à Verdun-sur-Garonne par Belle-Isle-en-Mer et Royan), fut saisi le 21 décembre 1870 par les officiers de la Douane et détenu le 27, en vertu d'un *Warrant* délivré par le secrétaire d'État pour les affaires étrangères. Conformément à la procédure instituée par le *Foreign Enlistment Act,* les propriétaires de l'*International* et de sa cargaison (*India-*

---

(1) V. T. I de la *Revue de droit international et de législation comparée,* p. 287, nos *Observations sur les concessions de chemin de fer, au point de vue du droit international.* — La circonstance que, dans un des articles additionnels au traité du 18 mai 1871, l'Allemagne a eu soin de stipuler qu'elle serait mise en possession de la ligne de Thionville à Luxembourg, est une nouvelle preuve de l'importance réelle de cette question.

(2) If any person within Her Majesty's dominions dispatches, or causes or allows to be dispatched, any ship with intent or knowledge, or having reasonable cause to believe, that the same shall or will be employed in the military or naval service of any foreign state at war with any friendly state, such person shall be deemed to have committed an offence against this Act.

rubber, Gutta-Percha and Telegraph Works Company limited) s'adressèrent à la Cour de l'amirauté pour obtenir : 1° le relâchement immédiat
et sans conditions du vaisseau et de sa charge ; 2° des dommages-intérêts
à leur payer par le gouvernement. La cause fut plaidée devant le célèbre
jurisconsulte Sir R.-J. Phillimore, qui rendit son jugement le 17 janvier 1871.

Après avoir établi en fait que l'expédition du câble devait avoir lieu en
vertu d'un contrat passé, le 28 novembre 1870, entre le Directeur-général
des postes et télégraphes de France et la Compagnie télégraphique,
sir R. Phillimore analyse les termes de ce contrat et en conclut que, *primâ
facie* du moins, rien n'indiquait que l'entreprise eût pour objet le service
militaire ou naval de la France. C'était en apparence un contrat *bonâ fide*,
entre des sujets de Sa Majesté et un gouvernement en relations amicales
avec elle. — Il ne peut être d'ailleurs question de savoir si l'objet à transporter avait, ou, non, le caractère de contrebande de guerre : une pareille
discussion est étrangère à la loi municipale, la punition de la contrebande
appartenant au belligérant, qui a le droit de capture. Tout ce que l'on peut
dire, c'est que, par analogie avec la contrebande, où des circonstances
particulières peuvent donner à un article *ancipitis usus* le caractère de
contrebande, il y aurait peut-être lieu de considérer la cargaison de l'*International*, innocente en temps ordinaire, comme empruntant aux circonstances de la guerre une destination relative « au service militaire ou
naval » de la France. Sir R. Phillimore n'admet pas, sous ce rapport, que la
distinction technique usuelle entre la télégraphie militaire et la télégraphie
civile postale empêche cette dernière de tomber sous les termes du statut,
lorsqu'il est démontré « qu'elle a été exclusivement ou en général employée
pour le service militaire de l'État. » Mais une pareille preuve a-t-elle été
fournie? Sir R. Phillimore pense le contraire. Les témoignages anglais et
français sont favorables à la Compagnie demanderesse. L'objet de celle-ci
n'est en général que de fournir des télégraphes postaux ordinaires. Les
termes du contrat n'impliquent point une destination militaire. A la vérité
il est probable que, dans les circonstances actuelles, la ligne télégraphique
de Dunkerque à Verdun-sur-Garonne sera employée en partie comme
moyen de communication entre le gouvernement français et ses troupes.
Encore faudrait-il pour cela des additions et des appropriations dont la
Compagnie n'a point à s'occuper. Mais dans tous les cas, cette probabilité
ne suffit pas pour enlever à la ligne son caractère primitivement et princi-
palement commercial. Le savant magistrat arrive ainsi à la conclusion que

le navire doit être relâché. « Cependant, » ajoute-il d'une manière assez inattendue, « je pense que, eu égard aux circonstances particulières du cas, le gouvernement de Sa Majesté a justement apprécié (took a correct view of) les graves obligations qui lui incombaient, et qu'il y avait une cause raisonnable et probable pour retenir ce vaisseau avec sa cargaison, et pour mettre la partie demanderesse en demeure de se défendre. Il n'adjuge donc point de dommages-intérêts (I make no order as to costs or damages). »

Les deux parties ont interjeté appel de cette décision devant le Conseil privé.

2. — *Interdiction, en Autriche, de manifestations publiques ayant pour objet de célébrer le triomphe des Allemands.* — Les succès des armes germaniques et leur triomphe définitif furent naturellement accueillis avec un grand enthousiasme parmi les sujets allemands de la monarchie Austro-Hongroise. Au mois de mars 1871 ils s'apprêtèrent, dans plusieurs villes, à célébrer par des démonstrations publiques le triomphe de leur nationalité. Mais le gouvernement crut devoir interdire un grand nombre de ces manifestations. C'est ainsi qu'il défendit des harangues à Villach, un banquet à Vienne, et toute espèce de manifestation publique à Gratz. Interpellé à ce sujet, le 14 mars dernier, dans la séance du Reichsrath autrichien, le ministre-président répondit par la déclaration formelle « que le gouvernement n'avait en vue par l'interdiction que *le maintien de l'ordre à l'intérieur*, » — déclaration utile à enregistrer, car il en résulte que ce n'est pas, comme on l'a cru d'abord, pour accomplir un devoir de neutralité que le gouvernement a pris cette mesure. En effet, comme nous l'avons fait observer dans notre première étude, la neutralité ne doit jamais avoir pour conséquence d'empêcher, dans le pays neutre, la manifestation pacifique des opinions individuelles [1].

3. — *Neutralité Japonaise.* — Il peut n'être pas sans intérêt de reproduire ici la proclamation de neutralité publiée, dès le mois d'août 1870, par l'Empereur du Japon. Elle résume, en général avec simplicité et précision, les règles admises sur la neutralité maritime. Cependant les art. 4, 7 et 9 sont plus spécialement relatifs à l'empire Japonais [2].

Art. 1. — Les parties belligérantes ne pourront engager d'hostilité dans les ports ou les eaux japonaises, ni dans une distance de trois ri des côtes, telle étant la portée d'un boulet de canon. Cependant les navires de guerre et les vaisseaux marchands continueront à passer librement.

[1] V. *La guerre actuelle*, etc., pp. 72-74.

[2] Nous traduisons d'après la version anglaise publiée dans les documents communiqués au Congrès des États-Unis, le 5 décembre 1870. P. 188.

Art. 2. — Tous navires appartenant à l'une des parties belligérantes pourront se pourvoir, de la manière antérieurement indiquée, d'eau et de provisions dans les ports ouverts ou autres ports de mer du Japon. Ils recevront assistance en cas de détresse.

Art. 5. — Si des vaisseaux de guerre appartenant aux deux parties entrent dans le même port, l'un des vaisseaux ne pourra mettre à la voile que vingt-quatre heures après le départ de l'autre.

Art. 4. — Quelques pays ont des troupes stationnées à l'un des ports ouverts, leurs vaisseaux de guerre sont autorisés à y jeter l'ancre, et un camp de marine y a été formé; mais cette permission n'a été accordée que pour la protection ordinaire de leurs sujets, et non pour quelqu'objet relatif à des guerres étrangères. Ces quartiers ne doivent donc pas être employés pour favoriser quelque expédition contre l'ennemi, sans connexité avec leur destination ordinaire.

Art. 5. — Il est interdit aux vaisseaux japonais de transporter des troupes, des armes ou des munitions de guerre pour le service d'une des parties belligérantes.

Art. 6. — Quiconque, à l'exception des pilotes, s'engagera à bord des vaisseaux de guerre de l'un des belligérants, le fera à ses propres risques et périls.

Art. 7. — La vente des prises dans un port japonais est prohibée. Au cas, cependant, où il deviendrait nécessaire de disposer d'une prise dans un port japonais, l'autorisation devrait en être demandée, et la question se déciderait après délibération avec le représentant diplomatique de la nation du capteur.

Art. 8 — Rien n'est changé aux règles existantes pour les autres articles d'importation ou d'exportation.

Art. 9. — En cas d'infraction à une des dispositions ci-dessus, il y aura lieu de s'adresser d'abord au consul de la puissance à laquelle appartient la partie intéressée, si l'infraction a été commise dans un des ports ouverts. Si les représentations au consul demeurent sans effet, il faudra se pourvoir auprès des vaisseaux de guerre japonais stationnés en cet endroit. Si l'infraction a été commise dans un port non ouvert par traité (a non-treaty port), les autorités locales en informeront les autorités et les vaisseaux de guerre japonais du port ouvert le plus voisin. S'il s'agit d'une place éloignée, la notification sera directement envoyée aux ministres de la guerre et des affaires étrangères.

Les règles ci-dessus devront être attentivement observées par les fonctionnaires des ports ouverts, et de la marine Fu, Han et Ken.

Août, 1870.

DAJOKWAN.

4. — Droit d'angarie exercé par les Allemands sur six navires anglais, près de Duclair. — Vers la fin de décembre, six navires à charbons, appartenant à des sujets anglais, furent saisis par les autorités militaires allemandes et coulés bas vers l'embouchure de la Seine, de manière à bloquer la passe. Les capitaines et leurs équipages déposèrent, entre les mains du vice-consul anglais à Rouen, une plainte à la suite de laquelle lord Granville adressa une protestation à Versailles. M. de Bismark y répondit par une promesse d'enquête et d'indemnité. Il paraît que les six navires en question avaient été saisis pour arrêter une canonnière française, qui venait d'infliger aux Prussiens des pertes considérables. Dès le 8 janvier le chancelier fédéral télégraphiait à M. de Bernstorff :

« Le rapport du commandant en chef de la fraction de notre armée par laquelle des navires à charbon anglais ont été coulés dans la Seine, ne nous est pas encore parvenu, mais les informations reçues suffisent pour que nous connaissions les faits principaux de l'incident.

» Vous êtes en conséquence autorisé à dire à lord Granville que nous regrettons sincèrement que nos troupes, pour écarter un danger, aient été obligés de saisir les six bâtiments appartenant à des sujets anglais.

» Nous admettons leur titres à une indemnité et nous payerons aux propriétaires la valeur des bateaux, d'après une juste estimation et sans leur faire attendre de décision sur le point de savoir par qui l'indemnité sera due en dernière analyse.

» S'il était prouvé que des excès ont été commis sans qu'ils fussent justifiés par les nécessités de la défense, nous le regretterions bien plus encore et nous punirions les coupables.

» La réponse officielle à la Note de lord Augustus Loftus sera expédiée aussitôt après réception du rapport officiel de l'armée. »

L'affaire ne paraît pas avoir eu d'autre suite.

Le droit que l'armée allemande a prétendu exercer ici est connu, comme on sait, dans la jurisprudence internationale, sous le nom de droit d'angarie. C'est le droit que les belligérants s'arrogent « d'employer dans un but militaire ou de commerce, contre leur volonté, mais moyennant indemnité, des navires appartenant non-seulement à leurs propres sujets, mais aussi aux sujets des puissances neutres[1]. » Ce droit, que M. de Bismark semble considérer comme incontestable dans sa dépêche, est envisagé comme tout au moins douteux par plusieurs écrivains récents et autorisés. Hautefeuille le combat au nom du droit primitif et secondaire. Il l'appelle

[1] Gessner, *Le droit des neutres sur mer.* — Berlin, 1865. P. 528.

« un abus de la force, un attentat contre l'indépendance des peuples neutres,... un vieux reste des coutumes barbares du moyen-âge [1]. » Gessner ne lui reconnait aucun fondement dans le droit international, tout en croyant que Hautefeuille va trop loin lorsqu'il dit que de pareilles mesures ne sont pas même légitimées par la nécessité de la conservation personnelle [2]. Heffter [3] et Phillimore [4] s'expriment dans le même sens que Gessner. Enfin Holtzendorff, parlant des entraves aux droits des neutres, range le droit d'angarie parmi celles de ces entraves dont la légitimité est aujourd'hui devenue douteuse [5].

Notons d'ailleurs qu'aucun auteur, en parlant du droit d'angarie, ne prévoit, à notre connaissance du moins, l'hypothèse de la destruction des navires neutres saisis. Le cas généralement admis consiste dans la contrainte employée pour leur faire « transporter, moyennant salaire, des armes, des troupes, des munitions. [6] » Cependant il faut convenir que, si le principe du droit était admis, la faculté de couler bas les navires saisis en serait la conséquence logique.

Nous inclinerions pour notre part, sinon à rejeter absolument le droit d'angarie, du moins à le restreindre autant que possible. S'il fallait l'admettre dans le cas d'extrème nécessité, il faudrait du moins dire, avec Phillimore, que la nécessité « doit être de cette nature évidente et impérieuse, qui pousserait un individu à saisir le cheval ou l'arme de son voisin pour défendre sa propre vie. »

§ IV. — *Des rapports entre les diplomates neutres et les puissances belligérantes pendant le siège de Paris.*

La situation, nouvelle dans l'histoire, créée par le siège de Paris aux représentants diplomatiques des puissances neutres auprès du gouvernement français, ne forme pas un des épisodes les moins intéressants de la dernière guerre. Nous tâcherons d'en indiquer les principales phases.

On se rappelle que, du moment où le siège de Paris devint certain, le gouvernement de la défense nationale se dédoubla. La plus grande partie

---

(1) Hautefeuille, *Des droits et des devoirs des puissances neutres en temps de guerre maritime.* — T. III, p. 426.

(2) Gessner, l. c.

(3) *Droit international*, § 150.

(4) *International Law*, III, 41 et ss.

(5) Holtzendorff, *Encyclopædie der Rechtswissenschaft.* — Das europæische Völkerrecht. — Leipzig. Duncker et Humblot. 1870. P. 820.

(6) Massé, *Droit commercial* etc. T. I, liv. II, tit. I, ch. 2, sect. 2. Cet auteur est du petit nombre de ceux qui trouvent le droit d'angarie légitime.

demeura toutefois dans la capitale. Seuls le garde-des-sceaux, M. Crémieux, et deux autres membres délégués du gouvernement de la défense nationale se rendirent à Tours, où les rejoignit plus tard M. Gambetta, sorti de Paris en ballon. Quatre membres du corps diplomatique, savoir les représentants de l'Angleterre, de l'Autriche, de l'Italie et de la Turquie partirent également avant l'investissement et suivirent à Tours, puis à Bordeaux, la délégation du gouvernement assiégé. Ce départ des quatre ambassadeurs eut lieu sans aucune délibération préalable avec leurs collègues. [1]

Le quatrième jour de l'investissement, 22 membres du corps diplomatique présents à Paris se réunirent sur une convocation du nonce apostolique, doyen du corps. Trois questions furent agitées : 1) le moment était-il venu de quitter Paris? 2) Agirait-on ensemble ou séparément? 3) Dans la négative sur la première question, quelles démarches y aurait-il à faire pour obtenir l'envoi et la réception de dépêches à travers les lignes d'investissement?

Sur la première question, la réunion décida qu'il ne convenait pas de quitter encore Paris. Conformément aux usages diplomatiques, dit le ministre suisse, M. Kern, le moment n'arrivera qu'après la notification préalable du bombardement. Le même diplomate qualifia d'étrange la conduite des membres du corps partis sans se concerter avec leurs collègues. On décida en outre d'agir collectivement, et de prier le nonce de se mettre en communication avec le ministre des affaires étrangères au sujet des moyens de correspondance [2].

Le nonce ayant rempli cette mission, M. J. Favre adressa, le 24 septembre, la lettre suivante au chancelier fédéral :

Monsieur le comte,

Le corps diplomatique, présent à Paris, me charge de demander à Votre Excellence d'être prévenu en cas de bombardement et mis à même de s'éloigner de la ville.

Il voudrait aussi pouvoir, une fois par semaine, faire partir un courrier,

---

(1) V. lettre de M. Washburne. — Documents américains, communiqués au Congrès le 5 décembre 1871, n° 85. — Le départ de l'ambassadeur anglais lord Lyons a été vivement critiqué, le 21 février, à la Chambre des Lords, et le 4 mars à la Chambre des communes. On l'a accusé d'avoir manqué de générosité et laissé sans protection ses nationaux demeurés dans la capitale. Lord Granville a soutenu par contre que rien n'oblige un agent diplomatique ou consulaire à rester dans une ville assiégée, après que ses concitoyens ont été avertis de la nécessité de se retirer. « Lord Lyons a fait savoir aux résidents anglais à Paris que ceux qui désiraient éviter les dangers et les rigueurs du bombardement feraient bien de quitter la ville, et il a fait traduire, dans leur intérêt, l'avis donné par le gouvernement de Paris aux non-combattants de sortir de la capitale. »

(2) Documents américains, n° 87, annexe.

exclusivement diplomatique, en acceptant toutes les précautions que Votre Excellence croirait devoir prendre.

En transmettant ce double vœu à Votre Excellence, je la prie d'agréer, etc. »

Voici quelle fut la réponse de M. de Bismark :

Ferrières, 27 septembre 1870.

Monsieur le ministre,

« En réponse à la lettre que j'ai eu l'honneur de recevoir aujourd'hui de Votre Excellence, je regrette que des considérations militaires m'interdisent de faire des communications, relativement à l'époque et au mode de l'attaque imminente de la forteresse de Paris.

L'autorisation de l'échange de correspondances de la forteresse et en destination de la forteresse n'est pas, en général, dans les usages de la guerre, et quand même nous autoriserions volontiers l'expédition de lettres ouvertes des agents diplomatiques, en tant que leur contenu soit sans inconvénient au point de vue militaire, je ne puis pas reconnaître comme fondée l'opinion de ceux qui considéreraient l'intérieur des fortifications de Paris comme un centre convenable pour les relations diplomatiques, ni agir conformément à cette opinion.

Je prie Votre Excellence d'agréer, etc. »

Le corps diplomatique, à qui cette dépêche fut communiquée, considéra comme entièrement inadmissible la condition que les dépêches seraient ouvertes. « Nous nous serions fait un devoir, » dit-il dans une note adressée le 6 octobre à M. de Bismark, « de nous conformer scrupuleusement, quant au contenu de nos dépêches, aux obligations imposées pendant un siége aux agents diplomatiques par les règles et usages du droit international. — Par contre, notre position diplomatique et nos obligations envers nos gouvernants ne nous permettent pas d'accepter l'autre condition, et de ne leur adresser que des dépêches ouvertes. Si cette dernière condition devait être maintenue, il deviendrait impossible, à leur vif regret, aux représentants diplomatiques des États neutres, d'entretenir des rapports avec leurs gouvernements respectifs. »

Les cabinets de Berne et de Washington joignirent leurs protestations à celles de leurs représentants. Mais ils firent valoir des raisons de convenance, plutôt que de principe. Le secrétaire d'État américain invoqua comme précédent, ce qui s'était passé dans la dernière guerre du Paraguay. M. Washburne, ministre des États-Unis au Paraguay, avait demandé un permis pour traverser les lignes ennemies jusqu'à l'Assomption. Cette requête, d'abord rejetée par les armées alliées fut ensuite accordée. Il en fut de même dè son successeur, le général Mac-Mahon, qui obtint de traverser les mêmes lignes, avec faculté pour le vaisseau qui le portait de ramener M. Washburne. Il est facile de voir, qu'il n'y a pas d'analogie réelle entre ce précédent et le cas discuté à Paris, où il ne s'agissait pas de la personne, mais des dépêches cachetées de l'ambassadeur. Cependant le gouvernement allemand se relâcha de sa première rigueur, au moins en ce qui concerne le ministre d'Amérique, M. Washburne, dont la correspondance cachetée put traverser les avant-postes, une fois par semaine. On sait à combien de personnes ce privilége a été utile, en leur permettant de donner, par le *Times* ou d'autres journaux que recevait M. Washburne, quelques signes de vie à leurs familles restées dans Paris.

Au fond, il y avait ici conflit entre deux droits. « Les ambassadeurs, » a dit Montesquieu, « sont la parole du prince qui les envoie et cette parole doit être libre [1]. » De là en général l'extension de l'inviolabilité des ministres publics à leurs messagers et courriers. Mais d'un autre côté, la puissance qui fait la guerre a le droit d'en poursuivre le but, par les moyens que la coutume des peuples civilisés autorise, et parmi ces moyens figure incontestablement celui qui consiste à assiéger une place, et à la priver, pendant ce siége, de toute espèce de communication avec le dehors. Lequel de ces droits prime l'autre ? Il nous semble difficile d'exiger que l'assiégeant, en cas de nécessité militaire démontrée, sacrifie son propre salut aux convenances d'un souverain étranger, et celui-ci surtout ne peut se plaindre si, comme dans le cas dont nous nous occupons, ses représentants ont eu la faculté de continuer, ailleurs que dans la ville assiégée, l'exercice de leur mission diplomatique, et si leur nationaux, prévenus à l'avance, ont pu également sortir de la place. Dans ces circonstances, la condition mise par M. de Bismark à l'envoi des courriers a pu paraître rigoureuse, mais elle ne violait point le droit international.

Dans le courant du siége, plusieurs chefs de mission ont suivi l'exemple de leurs collègues partis pour Tours avant l'investissement. Aucun obstacle ne fut mis à leur passage à travers les lignes allemandes. Des particuliers étrangers, notamment des Américains, des Russes, des Anglais et des Suisses furent également admis à quitter la ville. Les principales entraves à leur départ ne vinrent pas des autorités allemandes, mais du gouvernement français. « Il nous est absolument impossible, » écrivait le 18 octobre M. J. Favre à M. Washburne, « de satisfaire aux demandes de ce genre qui nous sont constamment faites. Le nombre des étrangers

---

[1] *Esprit des Lois*, L. XXVI, ch. 21.

restés à Paris est considérable ; plusieurs d'entre eux nous ont demandé la permission de quitter Paris. Mais nous avons été obligés de la leur refuser, pour des motifs de défense dont Votre Excellence appréciera sans aucun doute la valeur. Leur accorder cette permission, ce serait annuler nos opérations militaires ; admettre des exceptions, ce serait créer un injustifiable privilége.... (1) » Quelques jours plus tard cependant, le gouvernement français consentit à ce que des exceptions fussent faites, notamment en faveur de tous les Américains qui voudraient partir.

Les consuls de quelques Etats de l'Amérique du Sud non diplomatiquement représentés en France, mirent dès le début du siége leurs nationaux sous la protection du ministre des Etats-Unis, qui accepta cette mission, après avoir demandé le consentement du Gouvernement français. Plus tard une mission semblable lui fut confiée par des agents diplomatiques, au moment où ils quittèrent Paris, avant la fin du siége.

Le bombardement de Paris donna lieu à un nouvel incident. 13 membres du corps diplomatique et 6 membres du corps consulaire envoyèrent, le 15 janvier, au comte de Bismark une note ainsi conçue :

« Monsieur le comte,

« Depuis plusieurs jours, des obus, en grand nombre, partant des localités occupées par des troupes assiégeantes, ont pénétré jusque dans l'intérieur de la ville de Paris. Des femmes, des enfants, des malades ont été frappés. Parmi les victimes, plusieurs appartiennent aux États neutres. La vie et la propriété des personnes de toute nationalité établies à Paris se trouve continuellement mise en péril.

Ces faits sont survenus, sans que les soussignés, dont la plupart n'ont, en ce moment, d'autre mission à Paris que de veiller à la sécurité et aux intérêts de leurs nationaux, aient été, par une dénonciation préalable, mis en mesure de prémunir ceux-ci contre les dangers dont ils sont menacés, et auxquels des motifs de force majeure, notamment des difficultés opposées à leur départ par les belligérants, les ont empêchés de se soustraire.

En présence d'évènements d'un caractère aussi grave, les membres du corps diplomatique présents à Paris, auxquels se sont joints, en l'absence de leurs ambassades et légations respectives, les membres soussignés du corps consulaire, ont jugé nécessaire, dans le sentiment de leur responsabilité envers leurs gouvernements, et pénétrés des devoirs qui leur incombent envers leurs nationaux, de se concerter sur les résolutions à prendre.

<hr>

(1) N'ayant pas le texte littéral de cette lettre sous les yeux, nous la citons d'après la traduction anglaise envoyée à Washington par M. Washburne. *Papers relating*, etc., n° 92, p 130.

Ces délibérations ont amené les soussignés à la résolution unanime de demander que, conformément aux principes et aux usages reconnus du droit des gens, des mesures soient prises pour permettre à leur nationaux de se mettre à l'abri, eux et leurs propriétés.

En exprimant avec confiance l'espoir que Votre Excellence voudra bien intervenir auprès des autorités militaires dans le sens de leur demande, les sousignés saisissent cette occasion pour vous prier d'agréer, monsieur le comte, les assurances de leur très-haute considération.

La réponse de M. de Bismark, datée du 17 janvier, est adressée à M. Kern, ministre de Suisse. Apres avoir accusé réception de la lettre signée de lui et de M. le ministre américain, « ainsi que de plusieurs diplomates ci-devant accrédités à Paris, » le chancelier fédéral s'attache d'abord à prouver la légitimité du siége et du bombardement de Paris. Il soutient que, en fait, la population neutre a dû s'attendre, d'après les publications émanées du gouvernement allemand, à une pareille éventualité (1). Il rappelle ensuite que, aux termes des mêmes publications et des avertissements donnés pendant plusieurs mois, « tous les neutres qui l'ont désiré, ont pu, sans autre condition que d'avoir à établir leur identité et leur nationalité, traverser les lignes allemandes.

« Jusqu'au présent jour des lettres de passe ont été mises, dans nos avant-postes, à la disposition, non seulement des membres du corps diplomatique, mais de tous autres neutres, quand ils étaient réclamés par leurs gouvernements, c'est-à-dire leurs ambassadeurs. Plusieurs de MM. les signataires de la lettre du 15 ont été informés par nous depuis des mois qu'ils pouvaient passer nos lignes, et depuis longtemps leurs gouvernements les ont autorisés à quitter Paris. Dans une situation analogue se trouvent des centaines de sujets d'États neutres, dont la libre sortie nous avait été demandée par leurs ambassadeurs respectifs. Pourquoi toutes ces personnes n'ont pas fait usage de la faculté qui leur est accordée depuis si longtemps, là-dessus les informations officielles nous manquent. Mais on peut conclure de communications privées, dignes de foi, que les autorités françaises ne permettent plus, depuis longtemps, aux sujets ni même aux agents diplomatiques des États neutres, de quitter Paris. S'il en est ainsi, il serait bon que les personnes contraintes de rester dans Paris adressassent leurs protestations au gouvernement parisien. En tous cas, je suis autorisé, d'après ce qui précède, à repousser, en ce qui regarde le commandement de l'armée allemande, cette assertion contenue dans la lettre du 15 janvier : que les neutres *ont été empêchés de se soustraire au danger par les difficultés opposées*

____
(1) V. ci-dessus pp. 18 et ss.

à leur départ par les belligérants. A l'égard des membres du corps diplomatique nous maintenons, comme une chose de courtoisie internationale, la faculté de libre sortie qui leur a été donnée, quels que soient les difficultés d'exécution et les inconvénients graves que leur passage peut avoir dans la période actuelle du siége. Quand à soustraire leurs nombreux compatriotes aux dangers inséparables du siége d'une place forte, je regrette de ne plus en voir présentement d'autre moyen que la reddition de Paris. Nous nous trouvons dans la triste nécessité de ne pouvoir subordonner l'action militaire à notre commisération pour les souffrances de la population civile de Paris; notre conduite nous est rigoureusement prescrite par la loi de la guerre, et par le devoir de mettre l'armée allemande à l'abri de nouvelles attaques de l'armée parisienne. »

III. — De la fin des hostilités et des conditions de la paix définitive au point de vue du droit international.

Nous serons bref sur ce dernier point, d'abord pour ne pas allonger démesurément un travail déjà trop étendu, ensuite parceque beaucoup de considérations, à l'aide desquelles on apprécie d'ordinaire ce genre d'évènements, appartiennent à la politique ou à la morale internationale plutôt qu'au droit. Nous nous bornerons donc à accompagner une analyse sommaire des faits, de quelques courtes réflexions sur leur portée et leur sens juridique.

Le 28 janvier fut signé « entre M. le comte de Bismark, chancelier de la Confédération germanique, stipulant au nom de S. M. l'empereur d'Allemagne, roi de Prusse, et M. Jules Favre, ministre des affaires étrangères du gouvernement de la défense nationale, » l'armistice général qui mit un terme à la résistance de Paris et de la France. D'après l'art. 1 de cette convention, l'armistice devait primitivement expirer le 19 février, mais il fut successivement prolongé jusqu'au 26 février et jusqu'au 12 mars. Voici quelles en furent les conditions essentielles :

Les armées belligérantes conserveront leurs positions respectives, qui seront séparées par une ligne de démarcation. Le tracé de cette ligne est indiqué par l'art. 1er, sauf pour les départements du Doubs, du Jura et de la Côte d'Or, où les opérations militaires se continueront jusqu'à une entente ultérieure, ainsi que le siège de Belfort. Le méridien de Dunkerque est adopté comme ligne de démarcation entre les forces navales des deux pays (art. 1). — Tous les forts formant le périmètre de la défense extérieure de Paris, ainsi que leur matériel de guerre, seront immédiatement remis à l'armée allemande, le terrain entre les forts et l'enceinte fortifiée de Paris demeurant interdit aux forces armées des deux parts (art 3). Pendant la durée de l'armistice, l'armée allemande n'entrera point dans Paris (art. 4). L'enceinte de Paris sera désarmée ; les garnisons et armée des forts et de la ville déposeront leurs armes, seront prisonnières de guerre et demeureront consignées dans Paris, sauf une division de 12,000 hommes que l'autorité militaire conservera pour le service intérieur de la ville (art. 5 et 6). A l'expiration de l'armistice, si la paix n'est pas conclue, tous les militaires appartenant à l'armée consignée dans Paris, auront à se constituer prisonniers de guerre de l'armée allemande. — Les officiers prisonniers conserveront leurs armes. — « La garde nationale de Paris conservera ses armes ; elle sera chargée de la garde de Paris et du maintien de l'ordre. » (Art. 7). — Tous les corps de francs-tireurs seront dissous. (ibid). — Les art. 8 et 9 stipulent pour le gouvernement français toute latitude d'opérer, le plus promptement possible, le ravitaillement de Paris, à condition de faire l'acquisition des provisions en-dehors de la ligne de démarcation des armées allemandes. — Paris paiera dans la quinzaine une contribution de guerre de 200 millions de fr. (art. 11). Il ne pourra être importé dans Paris, pendant l'armistice, ni armes, ni munitions, ni matières servant à leur fabrication (art. 13). Un service postal, pour des lettres non cachetées, sera organisé entre Paris et les départements par l'intermédiaire du quartier-général de Versailles (art. 15). « Chacune des deux armées se réserve le droit de maintenir son autorité dans le territoire qu'elle occupe, et d'employer les moyens que ses commandants jugeront nécessaires pour arriver à ce but. » (art. 1) — L'art. 14 stipule qu'il sera procédé immédiatement à l'échange des prisonniers de guerre, y compris ceux de condition bourgeoise (capitaines de navires et otages civils). Les captures et les prisonniers qui seraient faits après la conclusion et avant la notification de l'armistice seront restitués (art. 1). Enfin l'art. 2 porte textuellement :

« L'armistice ainsi convenu a pour but de permettre au gouvernement de la défense nationale de convoquer une assemblée librement élue, qui se prononcera sur la question de savoir si la guerre doit être continuée, ou à quelles conditions la paix doit être faite. — L'assemblée se réunira dans la ville de Bordeaux. — Toutes facultés seront données par les commandants des armées allemandes pour l'élection et la réunion des députés qui la composeront (1). »

<hr>

(1) L'art. 10 de l'armistice, après avoir dit que l'on ne pourrait quitter Paris sans permis et visas réguliers des autorités française et allemande, ajoutait, en vue de favoriser la liberté des élections : « Ces permis et visas seront accordés de droit *aux candidats à la députation en province* et aux députés à l'assemblée. » On raconte que cette disposition donna lieu à un singulier abus d'interpréta-

Cette convention, si pénible pour celui qui dut la signer au nom de la France, fut exécutée avec bonne foi et fermeté par le gouvernement de la défense nationale. Dès le 29 janvier paraissait le décret qui convoquait les citoyens à l'effet d'élire l'Assemblée nationale. Un autre décret, rendu le 4 février, frappa de nullité un décret émané le 31 janvier de la délégation de Bordeaux, et qui contenait d'étranges restrictions à la liberté du suffrage [1], expressément stipulée par l'armistice.

Le 15 février eut lieu, sous la forme d'articles additionnels à la convention du 28 janvier, « l'entente ultérieure, » réservée par l'art. 1 de celle-ci, quant à la manière dont les départements du Jura, du Doubs et de la Côte-d'Or et le territoire devant Belfort seraient compris dans l'armistice. Les mêmes articles additionnels réglèrent les conditions, extrêmement honorables, de la reddition de Belfort.

Durant cette première période, il arriva souvent que les armées allemandes, ayant à pourvoir à leur entretien dans les départements occupés, exigèrent le paiement de contributions en argent, dont le poids était d'autant plus lourd, que ces départements avaient déjà eu à subir plusieurs mois d'occupation militaire. La convention conclue le 26 février, pour la prorogation de l'armistice, contint à cet égard un article spécial :

« Art. 5. — Les troupes allemandes s'abstiendront à l'avenir de prélever des contributions en argent dans les territoires occupés. Les contributions de cette catégorie dont le montant ne serait pas encore payé seront annulées de plein droit, celles qui seraient versées ultérieurement par suite d'ignorance de la présente stipulation devront être remboursées. Par contre, les autorités allemandes continueront à prélever les impôts de l'État dans les territoires occupés. »

Il serait à souhaiter que cet article devint un jour la règle, non-seulement pour les armistices, mais pour la guerre.

La même convention du 26 février, dérogeant à l'art. 4 de celle du 28 janvier, stipule les conditions dans lesquelles 50,000 hommes de l'armée allemande occuperont une partie de la ville de Paris. On sait que cette occupation eut lieu les 1 et 2 mars.

---

tion. Au bout de quelques jours, c'était par milliers que de soi-disant « candidats à la députation en province » se présentaient aux avant-postes prussiens pour être admis à quitter la capitale

(1) Ce décret déclarait inéligibles tous ceux qui, depuis le 2 décembre 1850 jusqu'au 4 septembre 1870, « ont accepté les fonctions de ministre, sénateur, conseiller d'état, préfet, ou dont les noms figurent sur la liste des candidatures recommandées par les préfets et publiées par le *Moniteur officiel* avec les mentions : candidat du gouvernement, candidat de l'administration, ou candidat officiel.

Cependant, en même temps que la signature de cette convention, avait eu lieu celle des Préliminaires de paix, conclus entre les fondés de pouvoir de l'Empereur d'Allemagne, des rois de Bavière et de Wurtemberg, et du Grand-Duc de Bade d'une part, et le chef du pouvoir exécutif de la république française avec le ministre français des affaires étrangères de l'autre.

Par l'art. 1er de ces préliminaires, « la France renonce, en faveur de » l'empire allemand, à tous ses droits et titres sur les territoires situés à » l'est de la frontière ci-après désignée. » Suit l'indication de cette frontière, dont le résultat est de donner à l'Allemagne l'Alsace sans Belfort, et une partie de la Lorraine, y compris Metz. « L'empire allemand possédera ces territoires à perpétuité en toute souveraineté et propriété. » Une commission internationale exécutera sur le terrain le tracé de la nouvelle frontière, et procédera au partage des biens-fonds et capitaux, appartenant en commun à des districts ou à des communes séparés par la nouvelle frontière. — En vertu de l'article 2, la France paiera à l'empereur d'Allemagne cinq milliards de francs en trois ans. — L'art. 5 règle les conditions de l'évacuation graduelle des forts de Paris et des départements occupés, au fur et à mesure du paiement de l'indemnité. Nous nous abstenons pour le moment de mentionner les autres conditions, sur lesquelles nous reviendrons à l'instant en parlant du traité de paix définitif.

Dès le 1 mars, l'assemblée nationale de Bordeaux ratifia ces préliminaires à une majorité de 546 voix contre 107.

Diverses conventions en réglèrent ou en modifièrent l'exécution, dans un sens généralement favorable à la France. Nous citerons :

1° Celle du 7 mars pour la remise à l'autorité française de l'administration des départements occupés par les troupes allemandes;

2° La convention du 11 mars pour le rapatriement des prisonniers de guerre français, et

5° Celle du 16 mars pour le règlement de la question des impôts en retard.

Par l'art. 7 des préliminaires de paix il avait été convenu que, immédiatement après leur ratification, aurait lieu à Bruxelles l'ouverture des négociations pour le traité de paix définitif. Les plénipotentiaires des parties intéressées se réunirent en effet à Bruxelles, dans le courant des mois de mars et d'avril. Cependant il semblait à craindre que ces négociations ne traînassent en longueur, lorsque tout-à-coup, le 10 mai, on apprit que le Traité de Paix venait d'être signé à Francfort, après quelques heures d'entrevue entre MM. de Bismark, Jules Favre et Pouyer-Quertier. Ce traité a été ratifié le 18 mai par l'Assemblée nationale, et l'échange des ratifications a eu lieu le 20 mai à Francfort. En voici la substance :

En ce qui concerne la cession de territoire, l'Allemagne consent à ce que le rayon appartenant à la France autour de Belfort soit élargi, à condition que la république française consente, de son côté, à abandonner une plus grande étendue de territoire du côté de Thionville, sur la frontière du Luxembourg (art. 1). — Des stipulations qui sont la conséquence logique de la cession de territoire sont faites : 1° en faveur des sujets français, originaires du territoire cédé et domiciliés actuellement sur ce territoire, qui conserveront, jusqu'au 1 octobre 1872 et moyennant déclaration préalable, la faculté de transporter leur domicile en France et qui, dans ce cas, resteront Français (art. 2) ; 2° au sujet de la remise, au gouvernement impérial allemand, des archives et documents administratifs, ainsi que des sommes appartenant à des établissements ou à des dépôts publics du territoire cédé (art. 4) ; 3° pour le traitement égal en ce qui concerne la navigation sur des canaux et eaux navigables, communs au territoire cédé et à la France (art. 5) ; 4° à l'égard des mesures, à prendre de commun accord, pour faire coïncider avec la nouvelle frontière les délimitations diocésaines des territoires cédés, ainsi que l'administration des cultes protestants et israélites (art. 6).

L'indemnité de cinq milliards reste la même, mais les termes de paiement sont rapprochés, le premier demi-milliard devant être payé dans les 50 jours qui suivront la prise de Paris, le milliard suivant dans le courant de cette année et le quatrième demi-milliard avant le 1 mai 1872. Les termes d'évacuation sont modifiés en conséquence. « Les troupes allemandes, » est-il dit à l'art. 8, « continueront à s'abstenir des réquisitions en nature et en argent dans les territoires occupés ; cette obligation de leur part étant corrélative aux obligations contractées pour leur entretien par le gouvernement français, Dans le cas où, malgré les réclamations réitérées du gouvernement allemand, le gouvernement français serait en retard d'exécuter lesdites obligations, les troupes allemandes auront le droit de se procurer ce qui sera nécessaire à leurs besoins, en levant des impôts et des réquisitions dans les départements occupés, et même en dehors de ceux-ci, si leurs ressources n'étaient pas suffisantes. »

L'art. 10 est relatif au rapatriement des prisonniers.

La question des relations commerciales était importante. Il est stipulé, par l'art. 11, que le gouvernement français et le gouvernement allemand prendront pour base de leurs relations commerciales, le traitement réciproque sur le pied de la nation la plus favorisée.

Les art. 12, 15 et 16 méritent d'être reproduits intégralement :

« Art. 12. — Tous les Allemands expulsés conserveront la jouissance pleine et entière de tous les biens qu'ils ont acquis en France.

Ceux des Allemands qui auraient obtenu l'autorisation, exigée par des lois françaises, pour fixer leur domicile en France seront reintégrés dans tous leurs droits, et peuvent, en conséquence, établir leur domicile sur le territoire français.

Le délai stipulé par les lois françaises pour obtenir la naturalisation, sera considéré comme n'étant pas interrompu par le temps de guerre, pour les personnes qui profiteront de la faculté ci-dessus mentionnée de revenir en France dans un délai de six mois, après l'échange des ratifications de ce traité, et il sera tenu compte du temps écoulé entre leur expulsion et leur retour sur le territoire français comme s'ils n'avaient jamais cessé de résider en France.

Les conditions ci-dessus seront appliquées, en parfaite réciprocité, aux sujets français résidant ou désirant résider en Allemagne.

« Art. 15. — Les bâtiments allemands qui étaient condamnés par des conseils de prises, avant le 2 mars 1874, seront considérés comme condamnés définitivement.

Ceux qui n'auraient pas été condamnés à la date sus-indiquée seront rendus avec la cargaison en tant qu'elle existe encore. Si la restitution des bâtiments et de la cargaison n'est plus possible, leur valeur, fixée d'après le prix de la vente, sera rendue à leurs propriétaires.

» Art. 16. — Les deux gouvernements français et allemand, s'engagent réciproquement à faire respecter et entretenir les tombeaux des soldats ensevelis sur leurs territoires respectifs. »

Tel est ce traité dans lequel bien des personnes voient encore aujourd'hui un scandaleux abus de la force, une négation du droit. Ce ne sont pas, à coup sûr, les dernières stipulations qui méritent d'être ainsi qualifiées, car les principes qu'elles sanctionnent n'ont rien que d'humain et de pacifique. Mais il y en a deux que l'on a généralement en vue, ce sont : 1° celle qui consacre une cession de territoire; 2° celle qui évalue l'indemnité de guerre à cinq milliards. Plusieurs orateurs et plusieurs publicistes ont nettement fait entendre, en France et ailleurs, que de pareilles stipulations ne lient que pour autant que l'on soit forcé de les subir. Aujourd'hui encore le mot de *revanche* est trop souvent prononcé, pour qu'il n'importe pas d'examiner si, en effet, la France a été victime d'une de ces injustices qu'aucune ratification ne saurait couvrir.

En ce qui concerne l'indemnité de guerre, on n'en saurait contester le principe. M. Jules Favre, après Sedan, en offrait une pour ainsi dire sans limites. On ne saurait contester davantage que la somme de cinq milliards ne soit au moins égalée par les dépenses que l'Allemagne a dû faire, et par les dommages que ses sujets ont éprouvés à cause de la guerre. Il ne resterait donc qu'à voir si cette somme est hors de proportion avec les ressources de la France. Mais ce que pense à cet égard le public du monde entier est amplement démontré, en ce moment même, par son empressement à couvrir l'emprunt destiné à effectuer les premiers paiements de l'indemnité.

Reste la cession de territoire. Ici, au rebours de ce qui se passe pour l'indemnité, c'est surtout, pour ne pas dire exclusivement, le *principe* que l'on conteste. « L'ère des conquêtes, » dit-on, « est passée. Le droit des gens » ne reconnaît plus de cession de territoire en dehors du consentement des » populations cédées..... »

Comme dans toutes les théories absolues, il y a dans celle-ci une portion de vérité. Oui, il faut réprouver, il faut souhaiter de voir disparaître à jamais les transferts de territoires opérés dans un intérêt dynastique, ou en vertu d'une loi imaginaire d'équilibre, — ces traités qui, mêlant ensemble des peuples absolument différents d'origine, de langue, de dispositions naturelles, n'aboutissent qu'à faire leur malheur commun, en ne leur laissant d'autre alternative que l'anarchie ou la centralisation exagérée. Il faut réprouver presqu'au même degré ces annexions faites dans un esprit intolérant de propagande, afin d'imposer au monde entier, soit un système de religion, soit une forme de gouvernement. Mais la question change de face lorsque, à la suite d'une attaque injuste, l'offensé se retourne contre son agresseur, et parvient, au prix des plus immenses sacrifices, grâce à un concours inouï de dévouement, de courage et de génie, chez un peuple entier uni par une même pensée patriotique, à repousser l'attaque, et à remporter lui-même une série de triomphes. Pour reprocher, dans ce cas, au vainqueur de faire dépendre son consentement à la paix, d'un changement dans la condition territoriale réciproque des deux nations, il faudrait lui dénier le droit de chercher, outre la réparation de ses pertes dans le présent, sa sécurité dans l'avenir; il faudrait oublier que, si la guerre a un bon côté, ce ne peut être que d'exposer l'agresseur à une diminution sérieuse de puissance. Mais l'aspect de la question se modifie surtout dans un sens favorable à l'annexion, quand la presque totalité de la population, qui couvre le territoire cédé, est unie d'avance à son nouvel occupant par les liens historiques et ethnographiques les plus puissants, quand il s'agit d'une province violemment détachée jadis de la nation aujourd'hui victorieuse, et que le moment de la victoire est précisément, chez cette nation, celui d'un irrésistible élan vers la reconstitution de ses membres épars. Alors le principe de la cession ne se trouve plus être l'anéantissement, la conquête, la mort du peuple vaincu, principe funeste et injuste, mais le complément, la résurrection, la vie du peuple vainqueur, principe légitime et salutaire. Ce principe en un mot est celui de la *nationalité* (1).

C'est surtout dans le sens pacifique du principe de la nationalité, pensons-nous, qu'il faut entendre le retour à l'Allemagne de l'Alsace et de la Lorraine allemande. Nous disons pacifique, parce que le principe de la nationalité a pour caractère spécial de porter en lui-même la limite de ses propres aspirations; parce que, une fois satisfait, bien loin d'exclure, il commande l'amitié entre les peuples, ceux-ci ayant besoin de se communiquer les uns aux autres le bénéfice des qualités que le Ciel a réparties entre eux, et qui sont toutes nécessaires à leur bonheur commun; parce qu'enfin cette répartition du travail et des aptitudes résiste à toute idée de suprématie ou de supériorité providentielle, appartenant à un peuple sur tous les autres. C'est dans ce sens, il faut l'espérer, que l'Allemagne entendra son triomphe. Quant à la France, on ne peut sans doute demander qu'elle abandonne immédiatement toute pensée d'amertume. Mais du moment où le peuple français, ce peuple si admirablement doué et si tristement détourné de ses voies, sera assez calme pour écouter, au lieu de ses flatteurs, ses amis sincères, — il sera temps de lui dire, de lui répéter que sa vraie revanche sera de conquérir un gouvernement qui encourage le travail âpre et victorieux, qui développe l'instruction chez tous, respecte la liberté, la dignité humaine, et mette au-dessus de toutes choses, la vérité et le droit.

---

(1) Nous ne voulons pas dire, bien entendu, que l'on ait le droit, au nom du principe de la nationalité, d'entreprendre une guerre en vue de bouleverser la carte de l'Europe. Nous protesterions énergiquement contre une pareille interprétation de nos paroles. On ne saurait proclamer trop haut que les seules guerres justes sont celles qui prennent leur origine dans les nécessités de la légitime défense. Ainsi l'Allemagne n'aurait pu attaquer la France pour reconquérir l'Alsace et la Lorraine. Mais il y a une grande différence entre les causes légitimes de la guerre et les bases légitimes de la paix, et cette différence provient de ce que la guerre a pour effet d'annuler les traités antérieurs.

TABLE DES MATIÈRES.